金陵全書

丙編・檔案類

江南水泥廠檔案

籌備建設（上）

南京市檔案館 編

南京出版傳媒集團
南京出版社

圖書在版編目（CIP）數據

江南水泥廠檔案. 籌備建設. 上 / 南京市檔案館編.
-- 南京 : 南京出版社, 2019.12
（金陵全書）
ISBN 978-7-5533-2416-6

Ⅰ. ①江… Ⅱ. ①南… Ⅲ. ①水泥 - 工廠史 - 史料 - 南京 Ⅳ. ①F426.71

中國版本圖書館CIP數據核字（2018）第201498號

書　名　【金陵全書】（丙編・檔案類）
江南水泥廠檔案・籌備建設（上）
編著者　南京市檔案館
出版發行　南京出版傳媒集團
南 京 出 版 社
社址：南京市太平門街53號　郵編：210016
網址：http://www.njcbs.cn　電子信箱：njcbs1988@163.com
聯系電話：025-83283893、83283864（營銷）　025-83112257（編務）

出版人　項曉寧
出品人　盧海鳴
責任編輯　徐　智
裝幀設計　楊曉崗
責任印制　楊福彬

製　版　南京新華豐製版有限公司
印　刷　南京凱德印刷有限公司
開　本　889毫米×1194毫米　1/16
印　張　25.5
版　次　2019年12月第1版
印　次　2019年12月第1次印刷
書　號　ISBN 978-7-5533-2416-6
定　價　1000.00元

南京出版社
圖書專營店

提　要

一九三一年，日本發動九一八事變，占領東北三省。一九三三年五月，日本又迫使國民政府簽訂《塘沽協定》，規定中國軍隊撤離冀東地區，日本可以在該地自由行動，即所謂的『非武裝區』，這一協定把啓新洋灰公司唐山工廠置于一個特別區域内。啓新洋灰公司作爲當時中國最大的水泥制造企業，需要轉移水泥這樣重要的戰略物資生産基地到内地，銷售市場也被迫向滬寧沿綫與華南沿海一帶轉移。爲避開日軍的鋒芒，啓新洋灰公司放弃了擴大發展唐山工廠的計劃，遂于一九三三年派人在江南一帶勘察選址，最終選定南京附近的攝山渡爲廠址。一九三五年三月，國民政府軍事委員會正式批復顔惠慶等人，准予在棲霞山開設工廠。江南水泥股份有限公司于當年七月開始動工興建工廠，至一九三七年七月全面抗戰爆發前，工廠的設備安裝、生活設施等全部竣工，綫路也接通供電，正式開工的各項准備工作基本就緒。

一九三七年七月，日本發動盧溝橋事變，發起全面侵華戰争。十二月十三日，南京淪陷。從一九三八年四月到一九四一年底，日本三井洋行多次威逼利誘江南水泥廠開工，江南水泥公司本着不與日方合作的宗旨，始終没有生産一噸水泥。太平洋戰争爆發後，隨着戰争的深入，日軍飛機損失嚴重，急需大量鋁材制造飛機，准備將江南水泥廠的機電設備拆遷到山東，以生産金屬鋁。面對日軍的無理要求，江南水泥公司的董事會先後召集天津、華中股東談話會和臨時股東大會，全體股東均一致反對拆遷。一九四三年十二月二十三日，日軍和日本機工進入江南水泥廠，强行拆卸機器，工廠的主要機器及其附件被洗劫一空。

抗戰勝利後，面對滿目瘡痍的工廠和越發拮據的經濟狀況，江南水泥廠的復興計劃舉步難艱。江南水泥廠三次通過增資，重新募集資金，設法通過行政院善後救濟總署蘇寧分署轉請聯合國救濟總署配售，購買設備，重建工廠。一九四八年五月，所訂機器設備全部從美國海運到廠。全廠工程技術人員日夜安裝，全力以赴投入到恢復生産中。

新中國成立後，困擾企業的電力和流動資金問題在政府各部門的支持下，均順利解决。一九五〇年九月十七日，單窑順利點火成功，正式投入試生産。至此，結束了十六年艱難曲折的創辦歷程，江南水泥廠終于開工生産。

《江南水泥廠檔案》選取了江南水泥廠的籌建經過、增資過程、抗戰前後大事記、沿革及歷年資本變動説明、工廠機器被日軍强迫拆遷、日本投降後增資擴股重購機器等檔案。内容主要包括新水泥廠選址的調查報告，江南水泥股份有限公司章程草案及計劃書，江南水泥股份有限公司准予備案、驗資的呈文及批復，募集公司債票和金融機構的來往函件，江南水泥股份有限公司常務董事會與丹麥史密芝公司、安利洋行關于購機安裝、貨款支付的來往函件，江南水泥股份有限公司常務董事會與棲霞工廠（即江南水泥廠）上海辦事處關于工廠財務支出的來往函件，江南水泥股份有限公司股東座談會、臨時股東大會反對拆遷機器的記録，日軍、汪僞實業部拆卸江南水泥廠機器設備的訓令、通知，制造水泥機件被日方外交官强迫拆遷至山東張店節略、大事記、經過，江南水泥股份有限公司代表爲被拆第二、三批機件損失賠償與（日）華北輕金屬公司代表的歷次談話記録、估價清單，江南水泥股份有限公司爲請發還被日本强拆運至張店的機器致魯豫晋區特派員、山東省政府工礦部的的呈文，以及江南水泥廠機器被劫及日本投降後增資重購新機要略等。

江南水泥廠是我國近現代民族工業艱難發展衆相中的一幀縮影。從一九三五年開始籌建，歷經坎坷磨難，直至新中國成立後才竣工生産，其時長達十六年之久。江南水泥廠的建設過程，從一個側面見證了中國人民從苦難深淵走向繁榮昌盛的歷史過程，其籌創歷程藴含了篳路藍縷的創建艱辛、頑强不屈的抗争精神、國際友人的正義良知、中華民族的强國夢想，留下了民族企業頑强堅韌的歷史印記。同時，解析江南水泥廠的這段歷史，將有助于我們了解那一時期中國民族資本發展的軌迹，以史爲鑒，對傳承歷史、服務現實、啓示未來，具有重要的作用。

二〇一八年一月，江南水泥廠入選第一批中國工業遺産保護名録。希望《江南水泥廠檔案》的出版，能够進一步促進民族工商業特别是工業遺産檔案的研究與傳播，能够讓社會各方面更多地關注工業遺産的保護與開發，并以此爲契機，多渠道、多角度地探索工業遺産資源的開發利用，積極服務工業遺産的改造，激發工業遺産的活力，提升城市的美譽度和影響力。

目録

壹　籌備工廠

貳　簽訂合同

壹

籌備工廠

江南水泥股份有限公司常董會暫行組織規程草案（一九三一年四月一日）

檔號：1041-1-1

江南水泥股份有限公司常董會暫行規程草案

第一章 總則

第一條 本公司常務董事由股東會依法選任組織常董會

由常務董事四人常川駐會於本公司辦事規則規

定之範圍內妥理各項事宜

第二條 常董會推舉常董一人為主任常董

第二章 會議職權

第三條 常董會對外代表公司對內代表董事會執行日常（公司一切）

事務

第四條 常董會應議職權之事項如次

（一）審核業務方針

（二）審議分公司之設立或撤銷

（三）營業用房〔機器〕地產之建築或買賣

（四）選擇存放之銀行及特殊投資保證金

（五）核定開支預算

（六）擬訂總分公司組織及章程

（七）辦理全體決算報告

（八）議定召集臨時董事會日期及議程

（九）訂定對外契約

（十）裁決總分公司廠處及各股間之爭議

第三章　各股組織

第五條　常董會設秘書一人並分設股務、會計、出納、文書四股

每股設主任一人辦事員若干人直接秉承常務董事

負責辦理各該股事宜

第六條　常董會各股必要時得添設副主任一人協助主任

處理本股事務

第四章　各股職掌

第七條　秘書執掌事項如次

（一）本會對外對內一切機要華洋文件

（二）本會機要密電之擬稿翻譯及收發

（三）常董會應行保管之人事密件

（四）常董會會議紀錄及保管

（五）其他不屬於各股事宜

第八條 股務股主管事項如次 〔旁注：二第七條 [illegible]〕

（一）編製股東名冊

（二）換發入股證股票及遺失換票等其他關於股票各種手續

（三）登記股務帳冊

（四）保管及核對股東印鑑

（五）核發股息

（六）股東會開會時驗發入場券選舉票

第七案　審核職掌如次

㈠審核本會及總公司工廠各部處之各項開支

㈡審核本會及總公司廠處之預算決算與各項報表帳冊

㈢保管公司重要契約合同執照有價證券及其他憑証

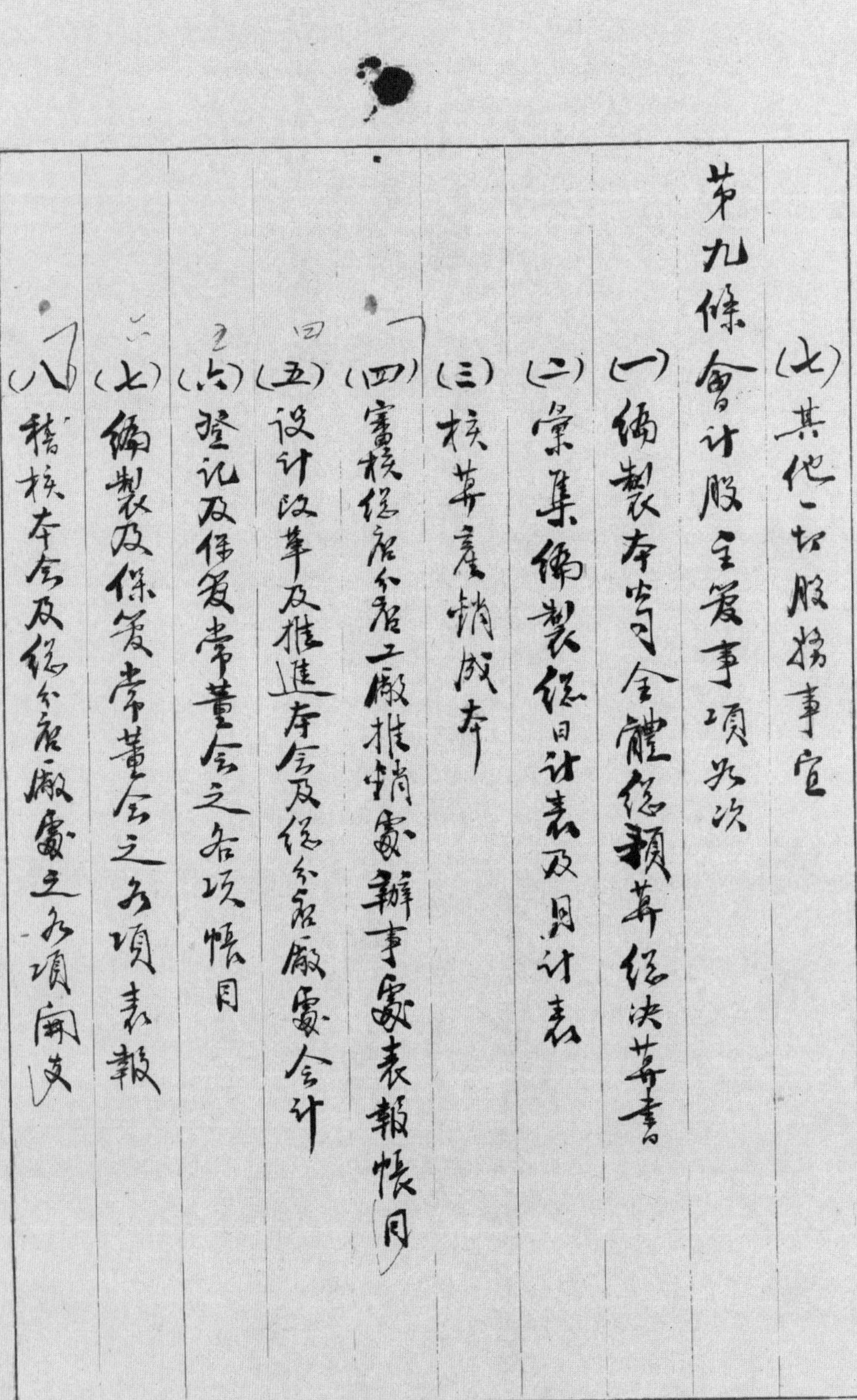

（七）其他一切股務事宜

第九條　會計股主管事項如次

（一）編製本公司全體總預算總決算書

（二）彙集編製總日計表及月計表

（三）核算產銷成本

（四）審核總公司工廠推銷處辦事處表報帳目

（五）設計改革及推進本會及總公司廠處會計

（六）登記及保管常董會之各項帳目

（七）編製及保管常董會之各項表報

（八）稽核本會及總公司廠處之各項開支

(九)核对及保管公牍

(十)其他一切会计事宜

第十條 出納股主管事項如次

(一)現金票據之收付

(二)現金簿之登記

(三)調度款項之存放

(四)保管重要單據契約

(五)其他一切有関出納事宜

第十一條 文書股主管事項如次

(一)本会对外对内一切文件之擬稿及繕發

附注意見：各項会議通知書包含在对内文件中

（二）收發文件

（三）登記傳閱收發文及摘由

（四）本會普通電報之擬稿翻譯及收發

（五）撰擬各項章則

（六）庶務事宜

（七）其他一切文書事宜

乙、

第五章　秘書辦事手續

第十二條　本會對外對内一切機要華洋文件密電收入時經常董

折閱后交由秘書摘由登記並保管（登記簿須經常董簽章以昭齊全如有未閱簽者須補行簽閱）

齊全後歸卷

第十三條 本會對外對內一切機要華洋文件密電經常董指示大意由秘書起稿後先送各常董全體核閱修正後由秘書親自繕正封妥交文書股發寄（如常董有因事未到以前又未能延遲者應於其到會時即行補閱）

第十四條 常董交下之人事密件由秘書保管時應先注意常董會閱已否簽全並摘登目錄

第十五條 常董會開會時（召集董事）經常董須先通知本會秘書應到席紀錄開列第幾次會議日期及出席列席姓名紀錄人姓名於議案之前並於紀錄完畢時請與會人簽字

此項紀錄由秘書保管之

第十六條 本會秘書保管之各項要件非常董本人或經常董

特許查閱者不得宣洩於第三者

第六章 股務股辦事手續

第十七條 股東持領新股息通知書前來換取入股証時應請其先填具印鑑票留存本会再按印鑑票户名填寫入股証由本股主任負責核對蓋章並連同印鑑票及請領通知書送請常董簽章

第十八條 股東持入股証前來換取股票時應請其在入股証背面及知照單上加蓋原留印鑑並填具入股証換取股票知照單經核對相符後再填寫股票經由本股主任負責核對蓋章送請常董簽章並於息單

過戶換票費
入股証每張一元（印花在內）
股票每張五角（印花在外）
以上換新或新票由
計算

騎縫處加蓋公司章

第十九條　股東持入股証或股票前來聲請過戶時應請其覓保填具轉讓証書由讓受雙方各於証書上及入股証或股票息單背面簽蓋印鑑並由受方填具新印鑑票繳納過戶費按每張入股証國幣壹元（印花在內）換票費按每張國幣五角（印花在外）經核對讓方印鑑相符後先過戶任核閱後再換新印鑑戶名填寫股票送請常董簽章

第二十條　股東遺失原留印鑑前來聲請掛失時應請其填具本公司備就之聲請書正式簽章並提出保証人經主任認許填具保証書並章繳費由本公司代擬登報廣告稿登載

指定當地之報紙二種三日後　日後如無糾葛時登出之報紙連同親自簽送交公司存照（附注本條及第21、22條須與原股票上或其他章程中規定要項相符）

第二十一條　股東遺失入股證或股票前來掛失時應請填具本會備就之聲請書簽蓋原印鑑並提出保證人經主任認許填具保證書上章後一切費用由本會代擬登報廣告稿登載指定之當地報紙至少一種三日後　日後如無糾葛時將登出之報紙送交公司後填具入股證或股票補領書簽蓋原印鑑補領新入股證或新股票

第二十三條　入股證或股票與原留印鑑如一併遺失附據第二十一條

第二十四條　手續一併辦理但登載報紙之廣告至少二種

三日並須經一個月俟如無糾葛再行辦理補領新入股證

或股票並填送新股證手續

第二十三條 股東如需更換股證應按第十九條規定之過戶手續辦理

第二十四條 股東以股票向第三者押借款項受押人前來聲請註冊時應請其會同原股東填具聲請書先項註冊期限一年但期滿得再聲請

第二十五條 前項第17 18 19 23 24條規定之換股、過戶、更換股證及註冊等手續力求迅捷提出後不得積壓逾二小時即須辦竣

第二十六條 股東名冊應編號並經全體董事及本股主任簽章於冊內首頁

33 31

第二十七條　股務帳冊均須編號並經常董及本股主任簽章於冊內首頁

第二十八條　發付股息時由本股核計數目填寫付息清單繕製傳票並知照出納股照開支票經本股主任及會計股核對後仍由本股連同股票交付股東

第二十九條　股東會日期議程經董事會決定後由本股負責預備及分發應用入場券選舉票等並分發入場券於各股東並於開會時負責點對

第七章　會計股辦事手續

第三十條　編製本公司每年度總概算書須先彙集總分廠

處分概算書由會計主任作初度核定後連同本會概算彙製初稿並詳註理由送由常董核定後再行繕正製成之

（前項總概算書每年至遲必須於　月　日完成之）

第三十一條　總日計表之製成亦由會計股根據彙集之總分各廠處全額編製之

第三十二條　會計股根據各種有關帳目表報每週分別製成生產及銷售成本表隨時備查

第三十三條　會計股執掌之各項帳冊表報除常董會及常董核准臨時查閱之人員外不得宣示他人

第三十四條 開支之稽核不僅注意數字並須稽核其有無超越章程之處及是否必需者

第三十五條 本會會計制度及帳表式樣均詳載會計規程此項會計規程由本股擬製送由常董會議決施行修改時同

第三十六條 除有現金進出及股務股傳票外其餘轉帳傳票均由會計股繕製

第三十七條 各項傳票表報必須經由會計主任復核蓋章方能成立

第三十八條 對外催款帳單由會計股負責填寄

第三十九條 傳票帳冊表報及附屬單據對帳單均由會計股裝訂保管

第四十條 支票押腳章暨其他重要公司章均由會計股執掌

第八章　会计出纳两股连带关系手续

第四十一條　收款傳票由出纳股繕製加蓋經收人私章及收訖章登入現金帳如須收據者並開具收據一併交由会计主任覆核無誤後加蓋圖章傳票由会计股送廠常董簽閱後留存会计股不再流出收據由出纳股轉交所收款項由出纳股送存銀行

第四十二條　付款傳票由会计股繕製其金額在五百元以下者由会计主任蓋章五百元以上者並經常董簽閱後送交出纳照付現款或開具銀行支票經由会计主任蓋具支票押脚章後送交常董簽章

第四十三條 支票存銀行取款取單由出納股保管

第九章 文書股辦事手續

第四十四條 本會對外對內一切文件電報收出時由文書股主任拆閱後由本股摘由登記送常董簽閱後再行分發各関係股主任閱後辦理

第四十五條 本會對外對內一件文件電報先由各関係股簽具意見交由文書股擬稿仍由各関係股主任會同蓋章呈送常董核閱修正後仍由文書股繕正校對登入發文簿

加條負責保管

採用經新辦法

歸併一條

後蓋寄

65
66
67

第四十六條 凡收文附有銀錢票據或其他重要單據者均隨送

出纳或股务股签收（另盖章於来文上）

第四十七條　外来对帳单直接送交会计股核收

第四十八條　庶務、清潔、僕役、零星購置等均由文書股主任督率辦理庶務之辦事員負責妥理

第十章　附則

第四十九條　本規程未載明事項悉依本公司辦事規則辦理

第五十條　本規程經常董会核議施行

第五十一條　本規程如有未盡事宜或必要时得随时由常董会議决修訂之

國民政府實業部頒布的公司登記規則（一九三一年六月三十日）

檔號：1041–1–5

公司登記規則 二十年六月三十日部令公佈

第一章 通則

第一條 凡公司法及公司法施行法所規定應登記之事項其程序依本規則之規定

第二條 公司法所稱主管官署在省為實業廳在隸屬行政院之市為社會局

第三條 公司登記應由當事人具呈請書連同本規則所定應備之文件各二份向主管官署呈請之由代理人呈請時應加具代理之委託書

第四條 主管官署對於公司登記之呈請有違反法令或不合法定程式者應令其改正非核定合法後不得登記

第五條 公司設立及設立支店之登記須俟實業部發給執照後增資減資之登記須俟實業部核發執照後方為確定

第六條 主管官署對於公司設立解散增資減資及設立支店之登記應於核定後轉呈實業部核辦其他事項之登記每月彙報實業部一次

第七條 當事人於登記後確知其登記事項有錯誤或遺漏時得呈請更正

第八條　凡請求證明登記事項并無變更或別無某事項登記者，該管官廳得酌量情形核給證明書

第九條　登記簿及登記文件，當事人或利害關係人得聲叙理由，請求查閱或抄錄，但該管官廳認為必要時得拒絕抄閱或限制其抄閱之範圍

第二章　規費

第十條　公司設立登記應依左列費率隨文繳納執照費

甲　無限公司及兩合公司

五千元以下	十五元	一萬元以下	三十元
三萬元以下	四十五元	五萬元以下	六十元
十萬元以下	七十五元	三十萬元以下	九十元
五十萬元以下	一百二十元	八十萬元以下	一百五十元
一百萬元以下	一百八十元	一百五十萬元以下	二百二十五元
二百萬元以下	三百元	三百萬元以下	三百七十五元

四百萬元以下　四百五十元

四百萬元以上每多一百萬元加收七十五元其不滿一百萬元者亦按一百萬元計算

乙

股份有限公司及股份兩合公司

五千元以下　三十元　二萬元以下　六十元

三萬元以下　九十元　五萬元以下　一百二十元

十萬元以下　一百五十元　三十萬元以下　一百八十元

五十萬元以下　二百二十五元　八十萬元以下　三百元

一百萬元以下　三百七十五元　一百五十萬元以下　四百五十元

二百萬元以下　六百元　三百萬元以下　七百五十元

四百萬元以下　九百元

四百萬元以上每多一百萬元加收一百五十元其不滿一百萬元者亦按一百萬元計算

第十八條　公司因增加資本呈請登記者其執照費應以增加後之資本總額照前條之規定計算

但該公司原繳照費得扣除之

二

第十二條 公司設立支店呈請登記者每一支店應隨文繳納執照費十元

第十三條 本店不在中華民國境内之公司設中華民國境内設立第一支店呈請登記時應依左列
費隨文繳納執照費

一、支店未劃定資本者按其本店資本總額之半折合國幣依第十條規定費率
繳納之

二、支店定有資本者按其資本額依第十條規定費率繳納之

第十四條 本店不在中華民國境内之公司在中華民國境内設立第一支店呈准登記後添設支店呈
請登記時應依第十二條隨文繳執照費但其添設之支店另定有資本者依前條第
二款之規定

第十五條 本店不在中華民國境内之公司在中華民國境内設立第一支店呈准註冊後其本店
或支店内增加資本呈請登記時適用第十一條之規定

第十六條 本規則第十條至第十五條之執照費由主管官署於轉呈時應隨文解部但每件留辦公
費十元不另收登記費

第十七條　遺失公司執照呈請補發者應繳補發執照費一元
第十八條　凡依法應領執照者應隨文繳納印花税費一元
第十九條　凡公司除設立增資以外之登記每件應向主管官署繳納登記費五元
第二十條　查閱登記簿及登記文件每次應繳查閱費一元如需抄錄者每千字應繳抄錄費五角
第二十一條　依第八條規定呈請核給證明書者每件應繳證書費二元

第三章　呈請程序

第二十二條　無限公司設立解散及因合併而變更之登記由全體股東呈請之其他各項登記由代表公司之股東呈請之
第二十三條　無限公司因設立呈請登記者應加具公司章程營業概算書
股東中有未成年者應附送法定代理人同意之證明書
因合併而設立呈請登記者應附送公司法第四十八條第一項規定之通知及公告或已依公司法第四十九條規定清償或提供擔保之證明書
第二十四條　無限公司因解散呈請登記者應叙明解散事由其由繼承人呈請者應附送證明文

三

件

因合併而解散者準用前條第三項之規定

第二十五條　無限公司呈請變更登記應叙明變更事項其因合併而變更者并準用第二十三條第三項之規定

第二十六條　無限公司登記事項如有應得全体股東或某股東之同意者應附送同意之證明書

第二十七條　本規則第二十三條至第二十六條之規定於兩合公司準用之但在無限公司應由全体股東呈請之登記於兩合公司均由全体無限責任股東呈請之

第二十八條　股份有限公司設立解散增資减資募集公債及因合併而變更之登記由全体董事監察人呈請之其他登記事項由代表公司之董事呈請之

第二十九條　股分有限公司因設立呈請登記者應加具左列各件

甲　發起人認足股分者

一　公司章程

二　股東名簿

三、選任董事監察人名單
四、公司法第九十一條規定主管官署者之檢查證書經裁減者並其判示
五、營業概算書
六、公司法施行法第二十三條規定呈准備案之證明文件

乙

發起人不自認足股分而另行招募足額者
一、公司章程
二、股東名簿
三、公司法第一百零三條規定之董事監察人或檢查人調查報告書及其附屬文件
四、創立會決議錄
五、營業概算書
六、公司法施行法第二十三條規定呈准備案之證明文件
公司法施行前開始募股者得免附具公司法施行法第二十三條規定呈准備案之證明文件
因合併而設立呈請登記者並應加具第十三條第三項規定之文件

第三十條 股份有限公司因解散呈請登記者應叙明解散事由其因股東會之決議而解散者並須具關於解散之股東會決議錄

因合併而解散者並準用第二十三條第三項之規定

第三十一條 股份有限公司因增加資本呈請登記者應加具左列各文件

一、修正之章程

二、關於增加資本之股東會決議錄

第三十二條 股份有限公司因減少資本呈請登記者應加具左列各文件

一、修正之章程

二、關於減少資本之股東會決議錄

三、減少資本後之股東名簿

四、本規則第二十三條第三項規定之文件

第三十三條 股份有限公司因募集公司債呈請登記者應加具左列各文件

一、關於募集公司債之股東會決議錄

六、最近之貸借對照表
三、募集公司債業經合法公告之證明書
四、債款繳足之證明書
五、公司債存根簿抄本

第三十四條 股份有限公司因清償或分還公司債呈請登記者，應加具所還銀數之證明書

第三十五條 股份有限公司因改選董事監察人呈請登記者，應加具選任之董事監察人名單

第三十六條 股份有限公司因其他登記事項變更呈請登記者，應加具關於議決變更之股東會決議錄

第三十七條 股份有限分司因合併而變更呈請登記者，應加具第二十三條第三項之文件

第三十八條 股份兩合公司之設立解散增資減資及因合併而變更之登記，由無限責任股東及全体監察人呈請之，其他事項之登記由代表公司之無限責任股東呈請之

第三十九條 股份兩合公司設立登記準用第二十三條第一項及第十九條第一第二項之規定

第四十條 第三十一條至第三十七條各規定，於股份兩合公司準用之

第四十一條 股份兩合公司變更為股份有限公司，設立之登記由設立之股份有限公司全体董事監

五

發人呈請之

前項之呈請應叙明事由並加具公司章程及關於變更公司組織之股東會決議錄

第四十二條 公司支店設立解散變更之登記在無限公司兩合公司股份兩合公司由代表公司之股東呈請之在股份有限公司由代表公司之董事呈請之其本店不在中華民國境内之公司由第一支店之經理人呈請之

前項所稱之經理人非中華民國人民時應由所在地該國領事出具國籍證明書

第四十三條 本店不在中華民國境内之公司在中華民國境内設立第一支店時其呈請書内所列事項應由所在地該國領事證明並附具公司章程惟添設第二支店時不在此限

第四章 附則

第四十四條 實業部發給執照後應登政府公報公布之

第四十五條 本規則施行前已經呈請註冊者仍照公司註冊暫行規則規定辦理

第四十六條 本規則與公司法同日施行

新水泥廠概略（一九三四年六月四日）

檔　號：1041–1–51

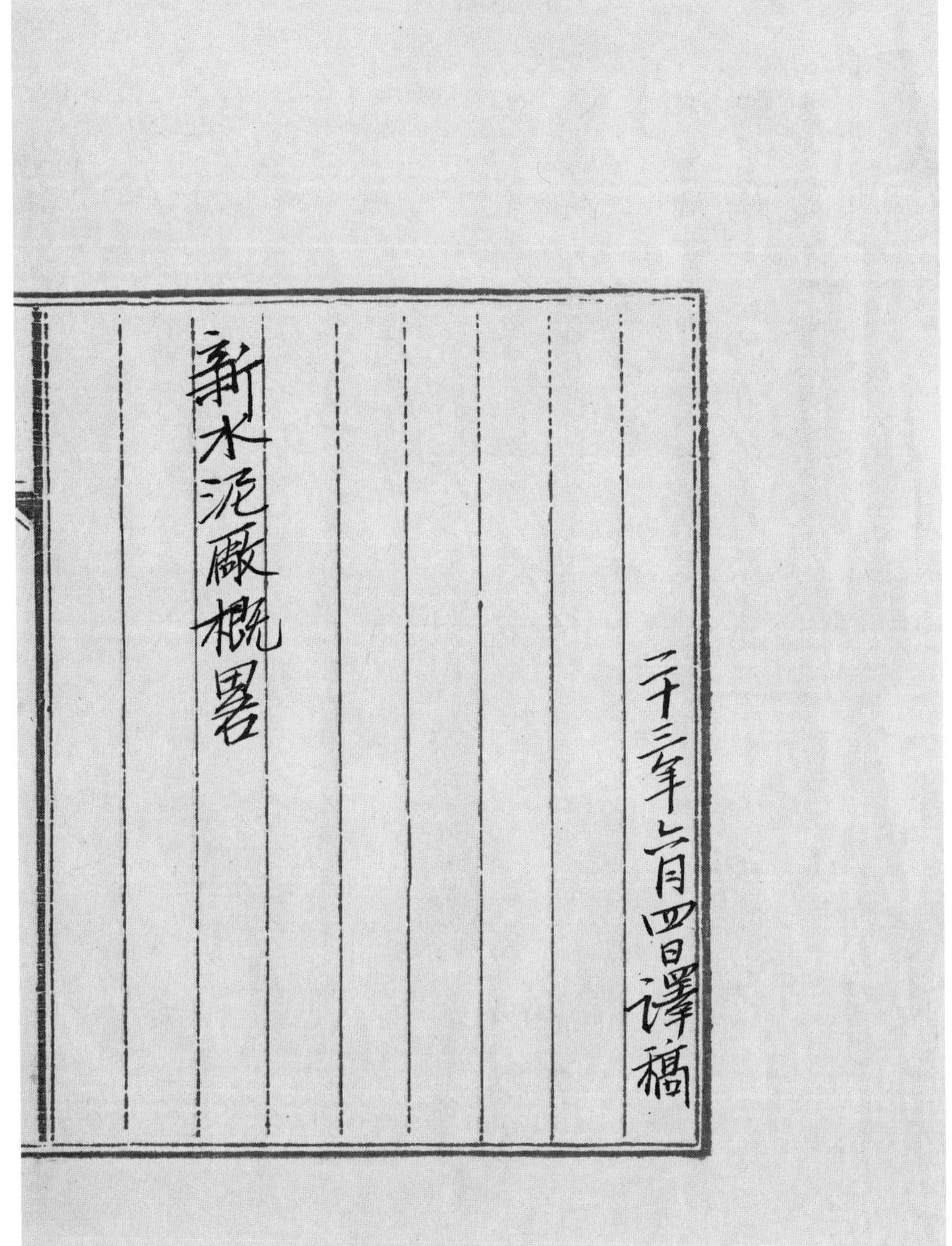

新水泥廠概畧

二十三年六月四日譯稿

水泥運出何須借重鉄路

新水泥廠概畧

位置及交通

新廠廠址距火車站及河岸均約一公里有半，故陸路運輸有鉄道之便，水路則有河道。河運價較低，将来水泥之運出及煤或石膏之輸入，多賴河運。

以原料言，附近石灰岩及土均甚豐足，惟煤及石膏須取自他地，故河濱擬於築碼頭，自河濱至廠運輸或賴高線，

或用電車、
以氣候言、此處夏日最高溫度、約在
華氏表一百零五度左右、冬日溫和、雨
量尚多、

原料

此處石灰岩有甲乙二種、甲種較易磨
碎、乙種且含燧石、故擬擇用甲種石灰
岩為原料、土料係屬黃土、質尚均勻、
至石土分析、列表如左、

	甲種石灰岩	乙種石灰岩	土
燒蝕	百分之四三、五四	百分之四二、七零	百分之五、六八
釸養二	百分之零、八零	百分之二、六二	百分之六七、六
鋁二養三	共百分之零、一六	共百分之零、五三	百分之一六、五二
鐵二養三			百分之六、六八
鈣養	百分之五四、一	百分之五三、五	百分之一、三零
鎂養	百分之零、七二	百分之零、六六	百分之一、六二

用煤來源現尚不能確定惟易於計
算起見可用左列末煤為根據此

末煤因原粒尚小，故可不必經初步壓碎，直入長磨。此末煤烤乾後分析如左：

揮發分　百分之二三

固定炭分　百分之五二

灰分　百分之二五

熱力　五九零零加拉里

所用石膏多係大塊，故須先經壓碎，方能入磨。

出數及將來擴充計劃

新廠出数、係每日夜（二十四小時）出一千五百桶、（每桶一百七十公斤）或二千桶、至究採何数、現尚未决定、蓋須視資本成本及原有電力而定也、至設備方面、擬先置原料磨一座、旋窑一座、水泥磨一座、在最近期内、或作第一步擴充計劃、即擴充一倍是也、本公司年產水泥約二百萬桶、如新廠出品成本較老廠低、第二步擴充計劃、或將實現、即擴充至原出數四倍是也，故計劃新廠時，故須將第一步及第二步擴充地位預為留定。

製造手續

關於製造方法，左列各點，須特別注意：

(一)此處煤價較高，故計劃旋窑時，以省煤為主。

(二)計劃機器位置以及材料運輸時，以減省人工為主。

(三)中國水泥營業，競爭頗烈，故計劃窑磨

時所製之水泥以最高成色為主、
(四)各機器配件須購自國外故計劃機器時因減少修理起見以堅固為主且配件須標準規定者易於更換、
至製造手續概述如左此乃僅供投價者作參考之用投價者如有較佳之意見或變更本公司極所歡迎〔並願〕接受、
(甲)原料採集 石灰岩用氣鑽及炸藥炸碎後由推車運入碎石機由碎石機而至運

石機、由運石機而至原料磨、碎石倉、碎石機擬用鍾式每日能出三十米立公尺、碎石約十五公噸、黄土擬用挖土機挖掘後裝入拖車、而入和泥池、

(乙)原料磨製 土漿由和泥池用、拌製水泵打至原料磨土漿倉、土漿及石由倉而入原料磨成原料漿、原料漿由水泵打至原料漿水倉、此倉係作空氣攪合糾正成分及存儲之用、原料漿則由存倉經水

泵而入旋窑上之原料漿倉而入窑也。原料磨擬用複式，內分三倉，由電滾轉動，每小時約出原料漿十七公噸。原料細度為於英國標準一百七十號篩子上篩餘在百分之六以下，水份在百分之四十以下。至水泵構造可用離心式或空氣法，共四座：一以運土漿至原料磨，一以運原料漿由磨至存倉，一以運原料漿由倉而至窑也，所餘之一座為備用者。

（丙）水泥塊燒製　水泥塊燒製擬用旋窰日出一千五百桶旋窰轉動擬用電滾旋窰上部與煙筒銜接處須緊閉入窰原料漿多寡分配須有相當設備如窰下另築冷罐通冷罐之水泥塊管須有冷水保護設備水泥塊由冷罐入運水泥塊機而入水泥塊存倉由倉經提運機而入水泥塊棚也至煤則自烤煤罐而入煤磨、煤磨構造須注重煤磨減火法

旋窯喂煤機構造須注重喂煤均勻、無過多過少之虞、

(丁)水泥磨製　水泥磨擬用複式磨、每日夜(二十四小時)能出一〇六公噸、水泥細度於英國標準篩子一百七十號者篩餘在百分之五以下、於英國標準篩子七十號者篩餘在百分之〇.二以下、水泥磨構造最好與原料磨相仿、俾使二磨配件互能更替、水泥磨須有二喂盤、一以喂水泥塊者、一以

喂石膏者、至水泥塊及石膏在存棧運輸、全賴提運機、在石膏存棧内有壓碎機一座、用以壓碎石膏而入磨者、此壓碎機每小時出數為二公噸也、至磨成水泥、則由推運機及提運機或空氣轉運機運至水泥存倉、以備灌運、在水泥磨及水泥存倉之間、須備自動水泥磅機、用以記水泥出數也、

（戊）水泥灌製　水泥棧有水泥圓存倉四

座、每倉約容二萬桶水泥棧兩旁有鐵道用以裝運水泥者、高綫或電車亦能達此、以備海運水泥棧計有紙袋灌裝機一座、每小時能裝四二、五公斤紙袋灰八百袋、麻袋灌裝機一座、每小時能裝五十五公斤麻、袋灰四百袋、木桶灌裝機一座、每小時能裝一百七十公斤木桶灰一百桶此三機須能於同時灌裝者、

原動廠

新廠所需電力擬自行發製，現存唐廠舊透平發電機一架擬移新廠，此透平發電機發電能力如左：

電力　六千KWA

電壓力　二千V

電轉數　二十五週率，將來擬改為五十週率

電乘數　十分之八

由左數可知此機僅發電半數時已足

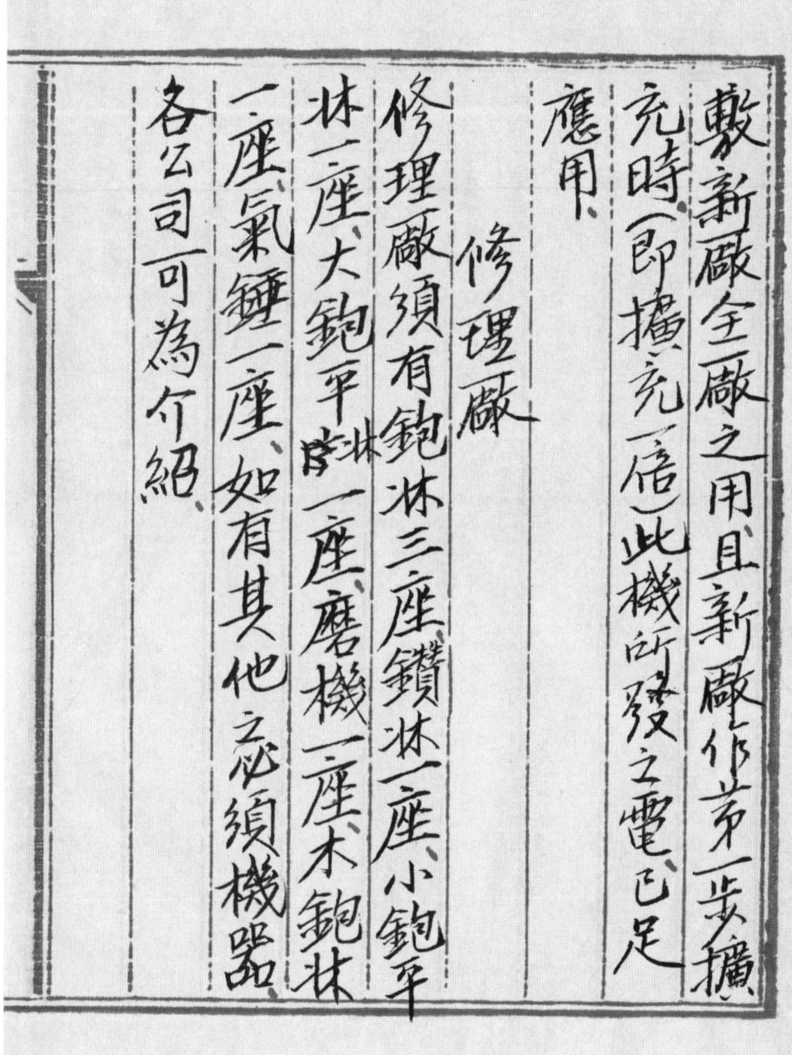

敷新廠全廠之用，且新廠作第一步擴充時（即擴充一倍）此機所發之電已足應用。

修理廠

修理廠須有鉋床三座、鑽床一座、小鉋平床一座、大鉋平床一座、磨機一座、木鉋床一座、氣錘一座，如有其他之必須機器，各公司可為介紹。

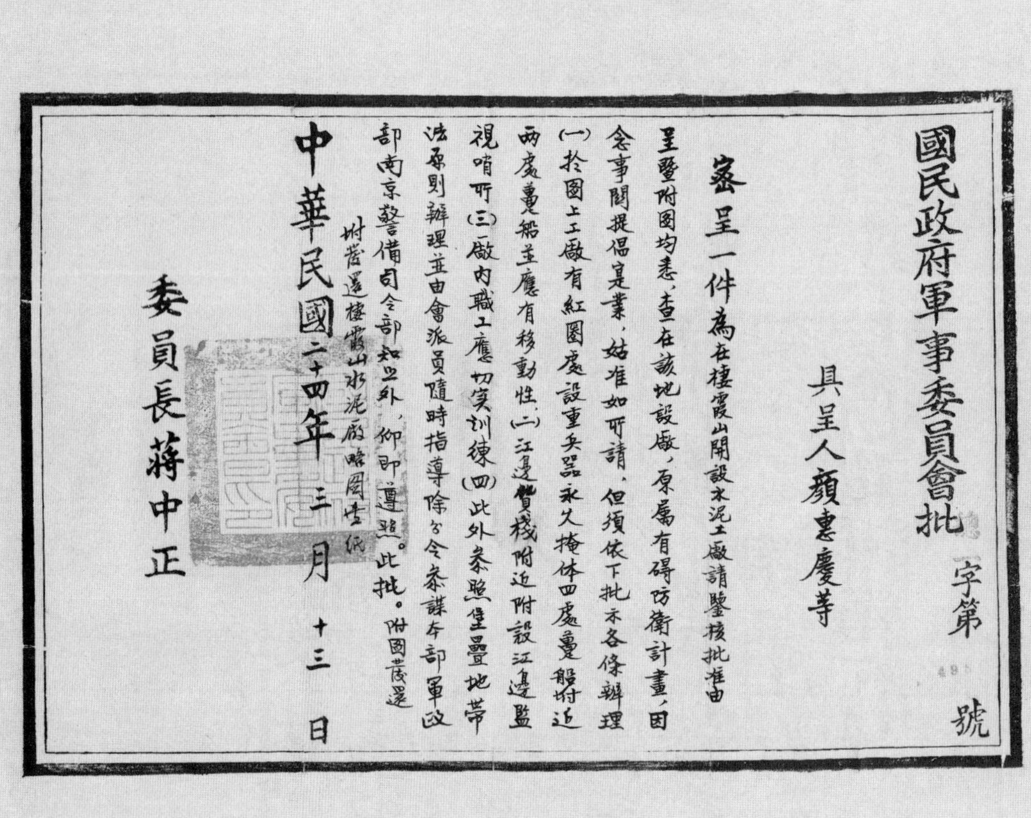

國民政府軍事委員會批　字第　號

具呈人顔惠慶等

簽呈一件為在棲霞山開設水泥工廠請鑒核批准由

呈暨附圖均悉，查在該地設廠，原屬有碍防衛計畫，因念事關提倡實業，姑准如所請，但須依下批示各條辦理：(一)於圖上工廠有紅圈處設重兵器永久掩体四處，躉船附近兩處躉船並應有移動性，(二)江邊營棧附近附設江邊監視哨所(三)廠內職工應切實訓練(四)此外參照堡壘地帶法原則辦理並由會派員隨時指導除分令參謀本部軍政部南京警備司令部知照外，仰即遵照。此批。附圖發還

附發還棲霞山水泥廠略圖壹紙

中華民國二十四年三月十三日

委員長蔣中正

國民政府軍事委員會批准設立江南水泥廠的批文

（一九三五年三月十三日）

檔　號：1041-1-53

南京棲霞山設水泥廠廠基房屋碼頭位置略圖

（一九三五年三月）

檔　號：1041–1–53

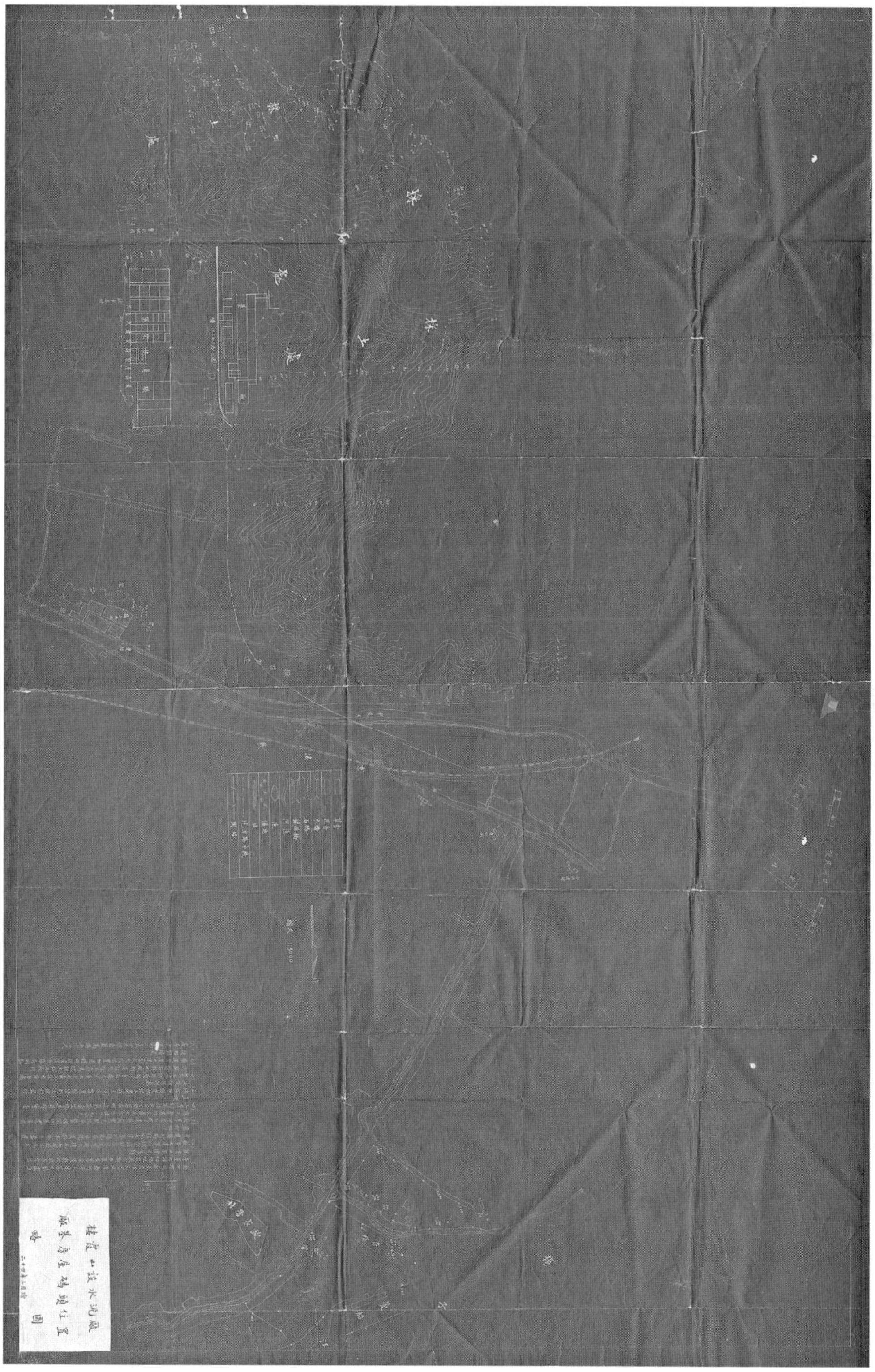

江南水泥公司發起人會議事録（一九三五年三月三十一日）

檔號：1041-1-30

江南水泥公司發起人會議事録

中華民國二十四年三月三十一日下午四時假天津海大道法租界一號路二一五號大樓開江南水泥公司發起人會到會貳百伍拾肆人王仲劉君起立宣言本公司發起人既集請公推周寶之先生為臨時主席以便開會

衆鼓掌贊成

臨時主席周寶之君就席宣告開會

王仲劉君言茲發起人諸君既一致提議以啓新公

司之再分息八厘全數撥入本公司之股本併經一致
通過於啓新股東會是江南水泥公司股份總數
二百四十萬元已由發起人一次認足將來總公司
當設於南京工廠則設在沿江一帶水陸交通便
利之地即日應先就天津法租界一號路一一五
號啓新公司大樓設立籌備處酌擬簡章八條
請　衆公決
王仲劉君宣讀簡章第一條本籌備處根據
本公司發起人會議議決設於天津法租界一號

路二一五號門牌辦理關於本公司募集股款及
關於成立公司之一切準備事宜
衆無異議
王仲劉君又宣讀簡章第二条籌備處以發
起人會推出籌備委員十一人組織之
李企韓君言籌備委員以由啓新公司舊人
擔任爲宜
衆無異議
王仲劉君又宣讀簡章第三条籌備處由委

員開會推出主任一人副主任二人酌延文書股務會
計庶務數人分配辦事其細則由委員會議訂
採行最經濟及較簡便辦法
王仲劉君又言本条規定主任副主任以期辦事有
人負責即如目下填發入股証書即須有人簽字
蓋章至於文書股務會計庶務擬均由啓新公
司職員兼任
衆無異議
王仲劉君又宣讀簡章第四条關於建廠購

六

機及其他重要事項由主任召集委員會議決之

衆無異議

王仲劉君又宣讀簡章第五条籌備處一切

費用在公司未正式成立前由委員會籌付以不

動支收到股款本金爲原則

衆無異議

王仲劉君又宣讀簡章第六條籌備處委員

及正副主任委員均不支薪津夫馬

衆無異議

王仲劉君又宣讀簡章第七条本公司正式成立
後籌備處及本章程即行撤銷廢止之
衆無異議
王仲劉君又宣讀簡章第八條本簡章由本公
司發起人會議決即日施行
衆無異議
李企韓君言籌備委員應請啟新公司同人擔
任以期駕輕就熟
袁心武君言籌備委員自以由啟新公司董事

三

擔任爲便但建廠購機關於建設技術方面亦須各有專家方可合力進行如啓新襄理庚宗灘君爲土木工程專家并於南方情形最爲熟悉王松波君爲啓新工廠總技師係製造水泥專家工廠副管理張建新君爲會計專家關於成本會計素有研究皆爲籌備不可少之人

主席言現擬推出籌備員十一人　吳少皐君

盧開瑗君　袁心武君　周寶之君

顔駿人君　孫章甫君　陳範有君

王仲劉君　庾宗濰君　王松坡君
張建新君　衆鼓掌贊成
王仲劉君言簡章雖已逐條通過現在應將簡章全份及推出籌備委員名單請主席再付表決以昭鄭重
主席言茲將籌備處簡章八条及推出籌備委員十一人名單付表決贊成者請起立
衆全體起立通過
主席宣言現在會務業已完竣應即散會時

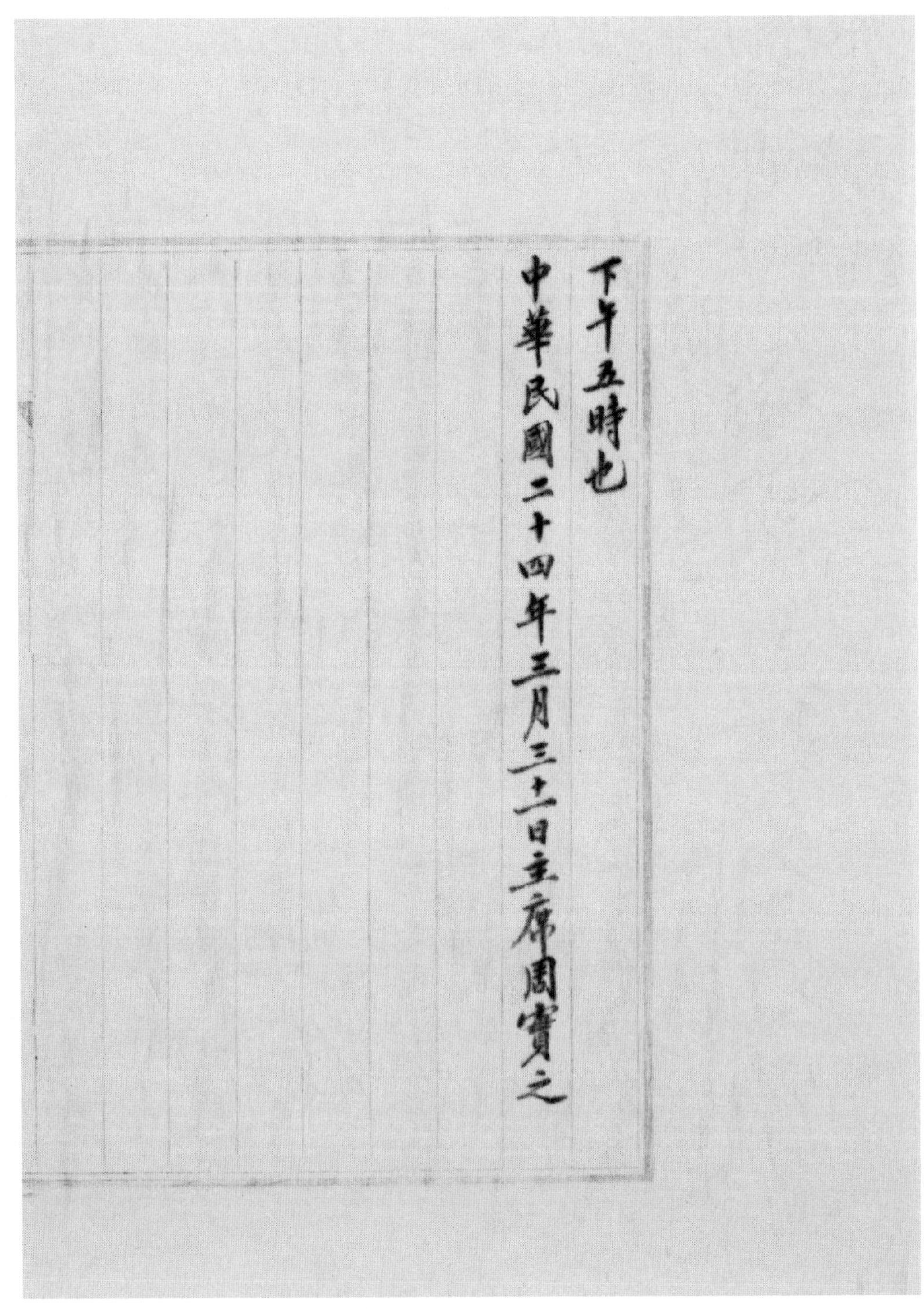
下午五時也
中華民國二十四年三月三十一日主席周實之

江南水泥股份有限公司招股簡章及籌備處簡章（一九三五年三月三十一日）

檔號：1041-1-1

股東發起會通過

江南水泥股份有限公司招股簡章

第一條　本公司定名為江南水泥股份有限公司

第二條　本公司以製造水泥開闢利源為宗旨

第三條　本公司資本總額定為國幣二百四十萬元分為二十四萬股每十元為一股一次交足

第四條　本公司設總公司於南京並於南京燕湖一帶擇交通便利之區購山石地皮建設水泥製造廠訂購最新式水泥機器

一俟籌備完竣即行呈請登記

第五條　本公司收入股本先行填給入股證一俟登記手續辦理完竣即行換發股票

第六條　本公司董事九人監察二人股東持有股票滿二千股以上有當選爲董事資格滿一千股以上有當選爲監察人資格

第七條　本公司之公告登載於上海天津北平等處通行之日報

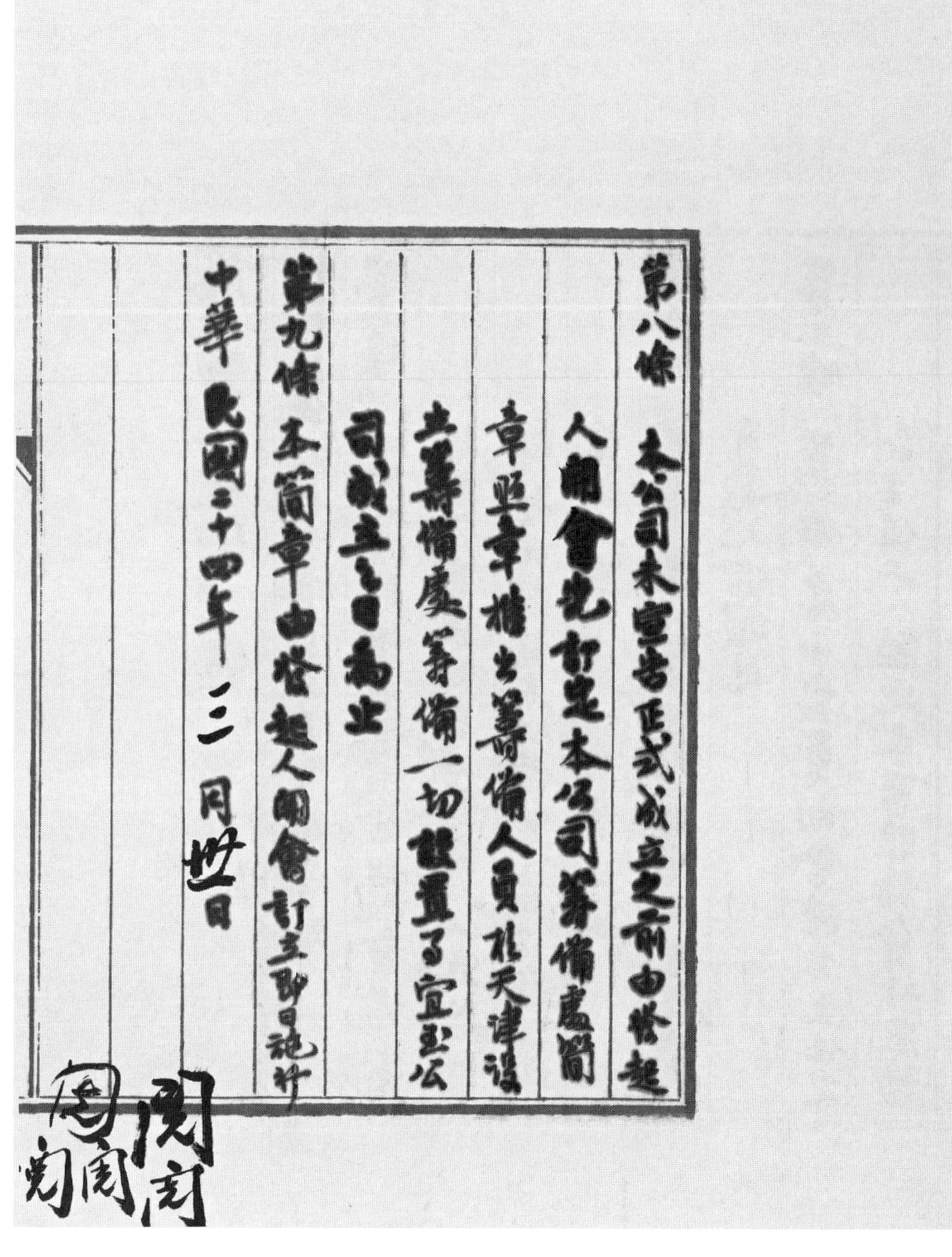

第八條　本公司未宣告正式成立之前由發起人開會先訂定本公司籌備處簡章照章推出籌備人員於天津設立籌備處籌備一切設置至宣告公司成立之日為止

第九條　本簡章由發起人開會訂立即日施行

中華民國二十四年三月卅日

股東發起會通過

江南水泥股份有限公司籌備處簡章

第一條 本籌備處根據本公司發起人會議之決設於天津法租界一號路一一五號門牌辦理關於本公司募集股款及因於成立公司之一切準備事宜

第二條 籌備處以發起人會推出籌備委員九（十一）人組織之

第三條 籌備處由委員開會推出主任一人副主任二人酌定文書股務會計庶務

數人公酌辦理其細則由委員會議
訂採行最經濟及簡便辦法

第四條　關於建廠購機及其他重要事項由
主任召集委員會議決之

第五條　籌備處一切費用在公司未正式成
立前由委員會籌付以不動支收到
股款本金為原則

第六條　籌備處委員及正副主任委員均
不支薪津夫馬

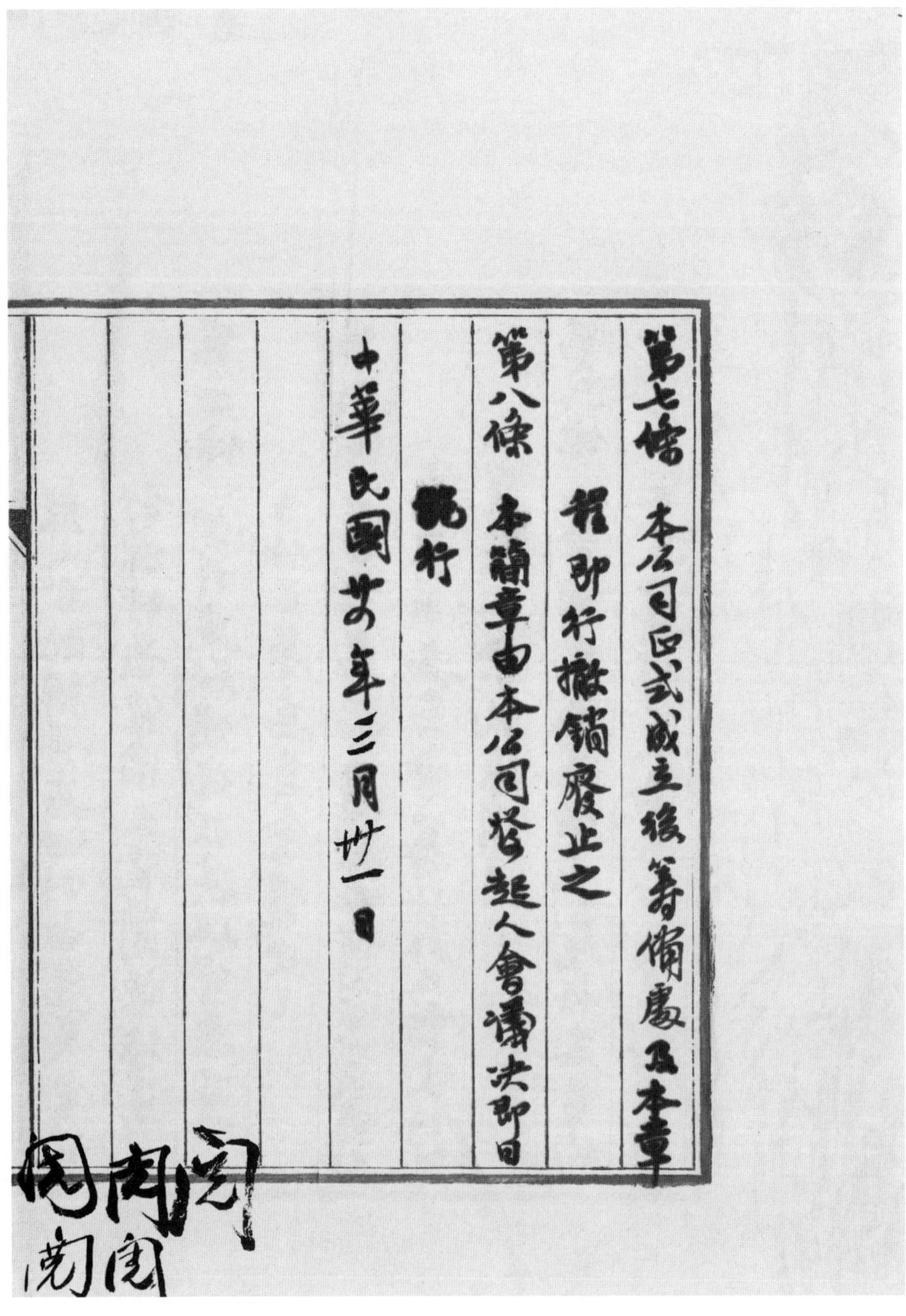

第七條 本公司正式成立後籌備處及本章程即行撤銷廢止之

第八條 本簡章由本公司發起人會議決即日施行

中華民國廿五年三月卅一日

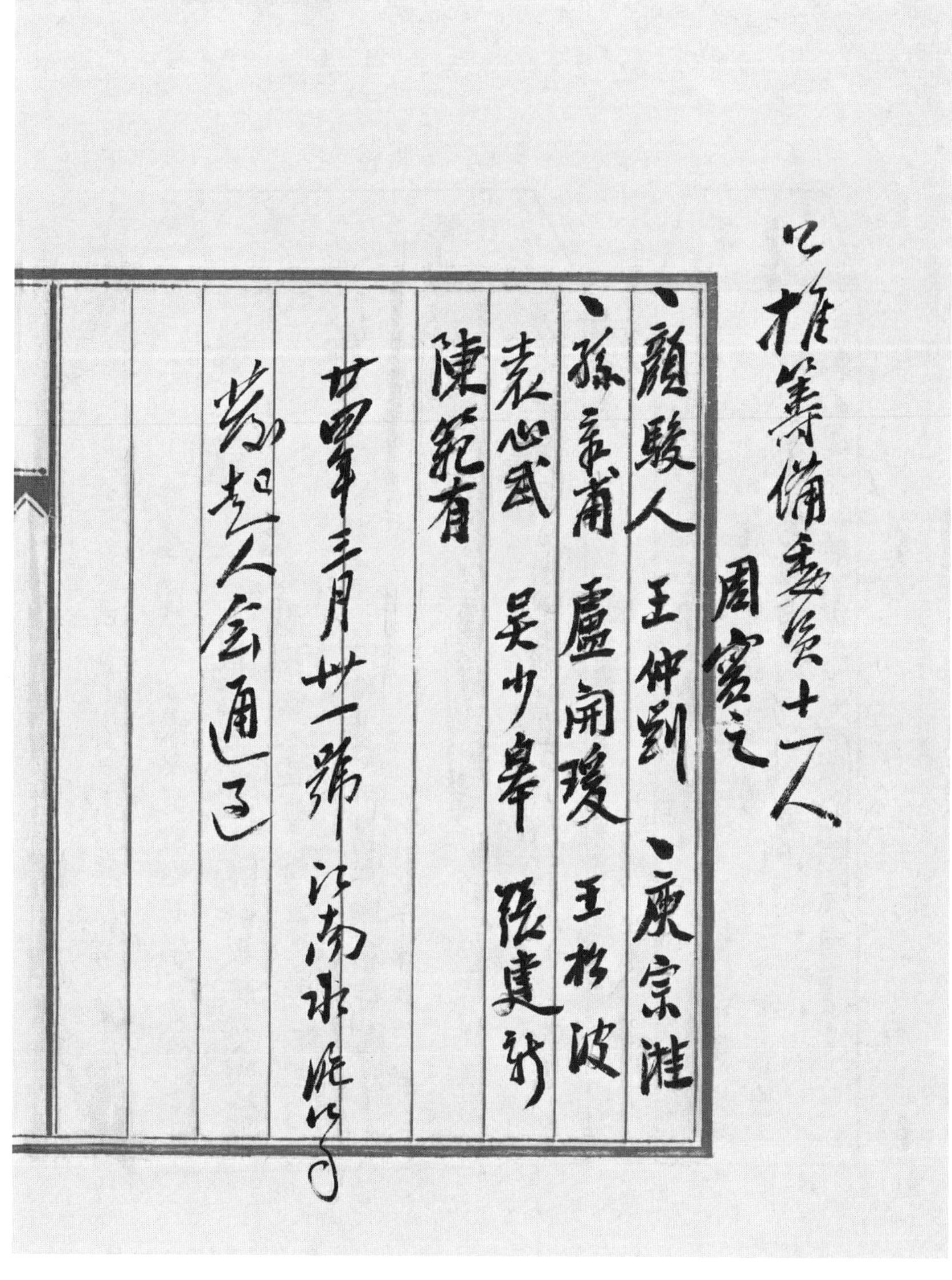
公推籌備委員十一人
周寅之
、顏駿人　王仲劉　、康宗濉
、孫棻甫　盧開瑗　王松波
袁心武　吳少皋　張建新
陳範有
廿四年三月廿一號　江南水泥公司
發起人會通過

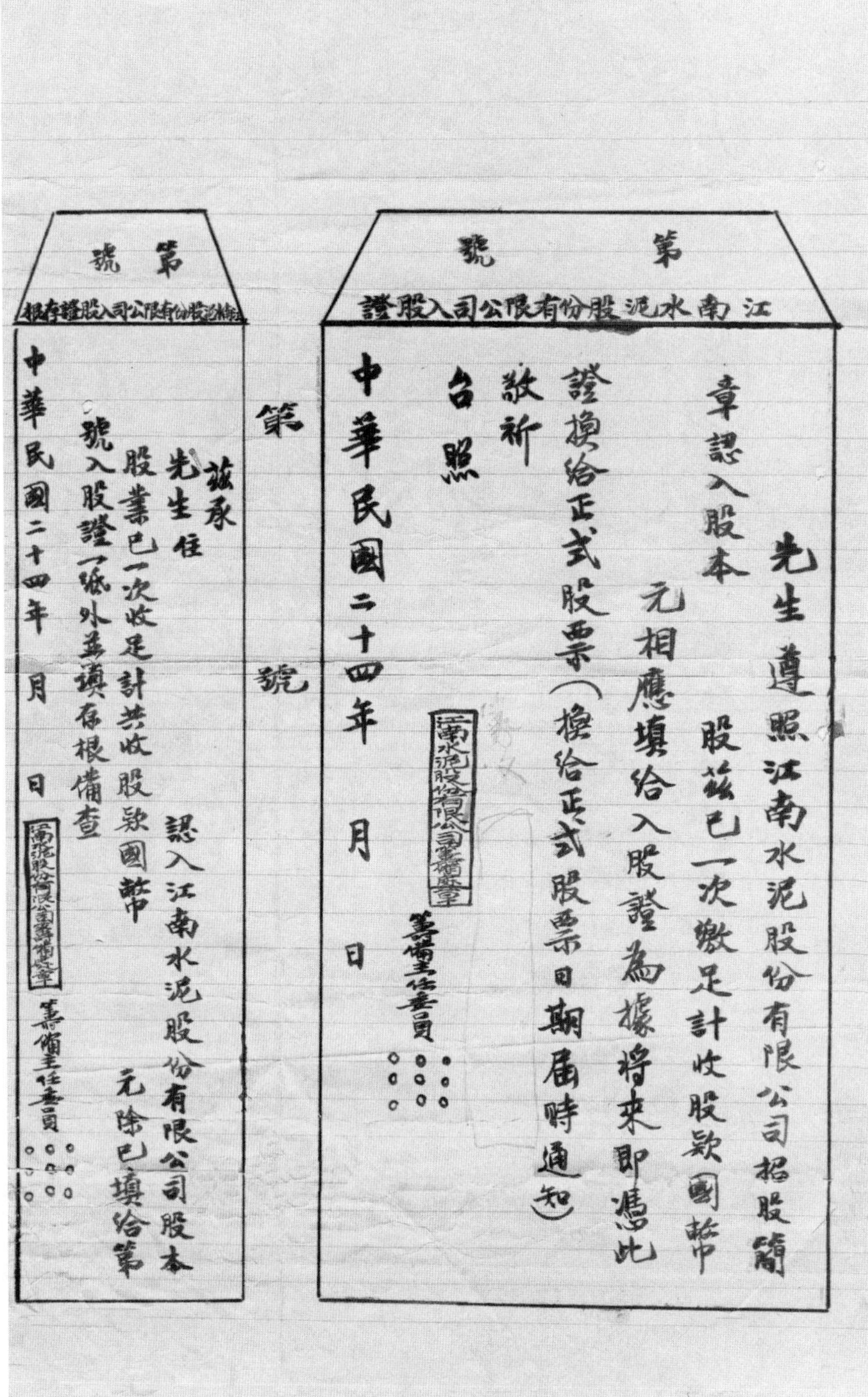

第　號

江南水泥股份有限公司入股證

先生遵照江南水泥股份有限公司招股簡章認入股本　　股茲已一次繳足計收股款國幣　　元相應填給入股證為據將來即憑此證換給正式股票（換給正式股票日期屆時通知）

敬祈

台照

中華民國二十四年　月　日

江南水泥股份有限公司籌備處章

籌備主任委員 ○○○ ○○○ ○○

第　號

第　號

江南水泥股份有限公司入股證存根

茲承

先生任認入江南水泥股份有限公司股本　　股業已一次收足計共收股款國幣　　元除已填給第　號入股證一紙外並填存根備查

中華民國二十四年　月　日

江南水泥股份有限公司籌備處章

籌備主任委員 ○○○ ○○○ ○○

江南水泥股份有限公司籌備處爲收繳股金致各股東的函（一九三五年四月九日）

檔號：1041-1-1

江南水泥股份有限公司籌備處用箋

第　頁

敬啓者查啓新洋灰公司已將

尊户認入敝公司股款撥來即

尊户在啓新二十三年份應續得之酬劳金計國

幣　　元除拾元以下之尾數請

向啓新洽取現金或由

台端湊成整股憑備現金逕繳啓新掣取收據

任聽

尊便外茲送上空白印鑑票壹紙務請

中華民國　年　月　日

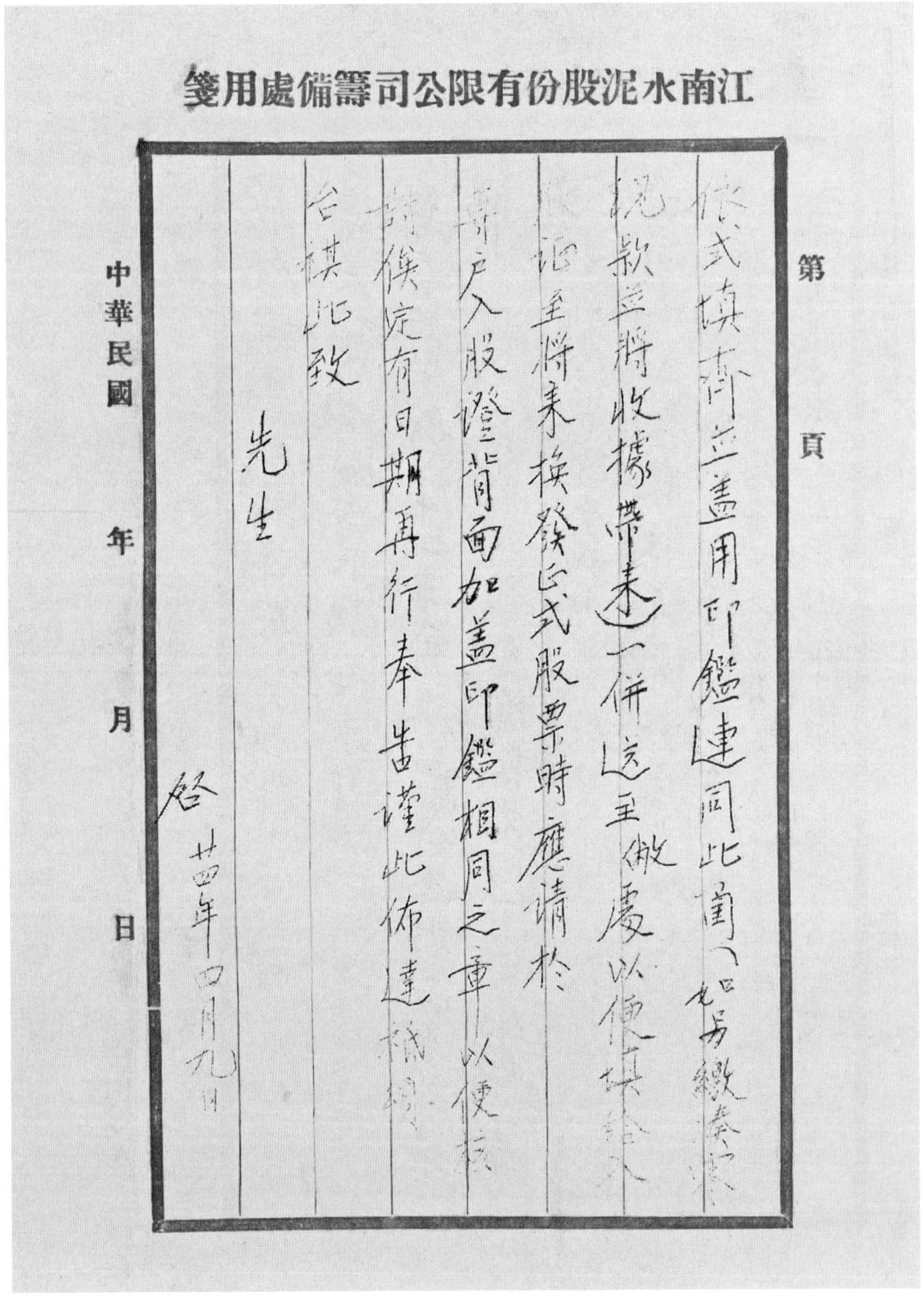

江南水泥股份有限公司籌備處用箋

第　頁

依式填寫並蓋用印鑑連同此函（如已另繳零股款並將收據帶來）一併送至敝處以便填給入股證並將來換發正式股票時應請於貴戶入股證背面加蓋印鑑相同之章以便核對俟決定有日期再行奉告謹此佈達祗頌台祺此致

先生

啟

廿四年四月九日

中華民國　年　月　日

江南水泥股份有限公司籌備處擬就填發入股證手續的流程（一九三五年）

檔號：1041-1-1

茲擬就填發入股証手續三條開呈

鑒核

一、江南籌備處派辦事員一人駐啓新董事部辦理發給空白印鑑票並解答股東一切詢問事宜

二、江南駐員見啓新付息通知書即於背面加蓋如左圖章連同空白印鑑票交與股東

另𢹂空白印鑑票一紙請依式填齊
並蓋原留印鑑再連同此通知書一
併持向啓新樓上江南公司籌備處
憑换入股証

三、股東交來之通知書及填妥之印鑑票經
與通知書存根及原本砥新之印鑑核對
相符後即照填入股証送請由經理書面加蓋印章及江南通知函
贴主任簽章然後檢同入場券五月一日開成立會用
交與原股東
將來換發股票時即照每張通知書上所
開之股數填給股票一張股東有願將來
股票分開數張者須於此時預先聲明
以便照願領股票之張數開給入股証

江南水泥股份有限公司籌備委員會爲召開第一次股東大會致各股東的邀請函（一九三五年四月十日）

檔　號：1041-1-30

逕啓者茲訂於國歷二十四年五月一日下午二時假天津法租界海大道啟新洋灰公司大樓開本公司第一次股東大會屆時務希惠臨與會爲荷此致

股東台鑒

江南水泥股份有限公司籌備委員會謹啓
二十四年四月十日

附第壹次股東大會入場劵一紙

江南水泥股份有限公司股東名簿（一九三五年四月十日）

檔號：1041-1-33

戶名	代表人姓名	住址	所認股數	應繳股款（業已一次收足）
顏惠慶	同上	天津英租界馬場道	一、六三五	一六、三五〇圓
孫多鈺	同上	天津英租界四十四號路五十號	二、八〇七	二八、〇七〇
袁心武	同上	天津英租界二十九號路四七五號	六、〇〇〇	六〇、〇〇〇
王仲劉	同上	天津法租界十四號路二十號	三、九七九	三九、七九〇
陳範有	同上	天津英租界倫敦路五十八號	三、九七九	三九、七九〇
積厚堂	張家鳳	天津殖業銀行轉	一七六	
、、	胡雨公	、、、、	八八	
森記	鄧仰周	天津麥加利銀行帳房	四八	四八〇
務本堂	陳西甫	天津法租界十四號路三十六號轉	二一五	二、一五〇
松茂堂	石松岩	天津鹽業銀行	一、八九〇	一八、九〇〇

去 加

江南水泥股份有限公司股東名簿 第 頁

戶名	代表人姓名	住址	所認股數	應繳股款（業已一次收足）
●●●	同上	首都百子亭八十八號之二	一〇〇	一、〇〇〇圓
李和記	楊志學	天津英租界二十九號路四七五號	二一五	二、一五〇
榮記	李純芝	天津法租界四號路	一〇五	一、〇五〇
羅長光	同上	天津特一區福州路二十三號	六四	六四〇
周鳳波	同上	天津西沽村小藥王廟後	五六	五六〇
劉子璿	同上	天津侯家後前街四十一號	四〇	四〇〇
德記	鮑蔭卿	天津麥加利銀行帳房	二四	二四〇
延年堂	張子珍	同右	五二七	五、二七〇
純記	趙純甫	天津西門內鹽店胡同	四	四〇
袁仲璿	同上	天津法租界五十五號路瑞和當	五六	五六〇

戶名	代表人姓名	住址	所認股數	應繳股款（業已一次收足）
積厚堂	張家鳳	天津殖業銀行轉	一七六	一、七六〇圓
榮茂堂	宋少堂	同右	三二	三二〇
蔡景璡	同上	天津法租界三十二號路一二七號	二六八	二、六八〇
蔡景軾	同上	同右	三二二	三、二二〇
方峻記	方峻甫	天津日租界秋山街	一六	一六〇
大生銀行	仝上	天津法租界六號路	三三六	三、三六〇
同文堂	沈鶴卿	天津城西雙忠廟前	三二	三二〇
于仲記	于仲庚	天津日租界小松街五號	一二四	一、二四〇
高琳記	鄭於琳	天津法租界祥雲里十二號	三二	三二〇
多福堂芹記	朱仁芳	天津法租界恒安里	八	八〇

江南水泥股份有限公司股東名簿　第[illegible]頁

江南水泥股份有限公司股東名簿　第　頁

戶名	代表人姓名	住址	所認股數	應繳股款（業已一次收足）
琳記	周王碧琳	天津法租界泰豐里六號	一六	一六〇圓
佺倫記	周福佺	同右	八	八〇
傳記	周福傳	同右	八	八〇
同匯堂	田輔廷	河北灤縣稻地鎮河東	八〇	八〇〇
殷魯深	同上	上海愛麥虞限路三十八弄九號	八〇	八〇〇
止修齋	張清悅	天津英租界樹德里五號	一六	一六〇
道生堂	盧道生	天津義租界小馬路二號	二四	二四〇
夢記	孫夢吉	天津城西大夥巷韋馱廟西	一一	一一〇
張靈普	同上	天津南門西屈家小樓後張家胡同六號	一	一〇
益善堂澤記	張澤相	天津南門外富貴大街	二〇	二〇〇

江南水泥股份有限公司股東名簿　第[illegible]頁

戶名	代表人姓名	住址	所認股數	應繳股款（業已一次收足）
姜天卿	同上	天津英租界中街五十五號普豐洋行	一六	一六〇
守信堂	張澤湘	天津南門外富貴大街	四三	四三〇
董銘記	董銘忠	天津中孚銀行轉	九七	九七〇
元壽	袁孝威	天津英租界小白樓	二四〇	二、四〇〇
宋蘊記	宋蘊	同前	一二八	一、二八〇
淳信堂	袁仲淳	天津英租界開灤礦務局	四二	四二〇
冰心堂	傅文宣	天津義租界小馬路二號轉	三六	三六〇
袁麟厚	袁麟伯	浙江紹興梁泰興線莊轉檀濆	三四	三四〇
福蔭堂	董保之	天津中孚銀行	一六	一六〇
天津中孚銀行		天津法租界八號路九十九號	一〇一	一、〇一〇

江南水泥股份有限公司股東名簿　第[illegible]頁

戶名	代表人姓名	住址	所認股數	應繳股款（業已一次收足）
柏憲章	柏斌	天津河北中山公園對過	四〇	四〇〇圓
居上堂	鄺適存	天津英租界義達里六號	三二	三二〇
王劬瑋	同上	天津法租界大慶里十號	八	八〇
公記	龔仰佛	天津英租界三十七號路五十二號	三、六四二	三六、四二〇
知止堂	徐斐齋	天津英租界二十號路一〇五號	三二〇	三、二〇〇
福餘堂	馮文光	天津法租界新華利里二十九號	三二	三二〇
惠吉堂劉	劉兆吉	天津河北大王廟紅十字會	五	五〇
咸臨堂	袁咸臨	天津市特別一區中街一號轉	五九二	五、九二〇
和豐銀號		天津法租界六號路一一四號	四〇九	四、〇九〇
尚賓書	同上	天津和豐銀號	四〇	四〇〇

戶名	代表人姓名	住址	所認股數	應繳股款（業已一次收足）
羅秀英	同上	天津英租界寶華里二號	三一	三一〇圓
張兆良	同上	天津英租界十九號路順和里十二號	三二	三二〇
福蔭堂	孫震方	天津英租界新加波路二四〇號	五七五	五、七五〇
陳祝齡	同上	天津法租界三十一號路慎其里	二〇〇	二、〇〇〇
靜如	錢靜如	天津法租界新華利里三十號	七	七〇
陳灝	同上	天津英租界小白樓	三二〇	三、二〇〇
陸殿非	同上	同右	一〇四	一、〇四〇
姚秀記	姚秀岩	北平前外大柵欄	一六	一六〇
史彤記	史雲中	山東章邱縣東關全盛義	一九	一九〇
陳吉記	陳吉人	山東章邱縣城北陳家莊	一六	一六〇

江南水泥股份有限公司股東名簿　第[illegible]頁

江南水泥股份有限公司股東名簿　第四頁

戶名	代表人姓名	住址	所認股數	應繳股款（業已一次收足）
毅記	王甲山	天津義租界二馬路二號	三二	三二〇圓
屈成壽堂	屈蔭傑	天津河北宙緯路五十八號	一五	一五〇
吳高林	同上	天津英租界寶華里三號	七九	七九〇
李錫康	同上	河北唐山市小廣東街二十二號	三一	三一〇
王疆埴	同上	天津法租界張莊大橋聯興里十六號	三七	三七〇
雷光顯	同上	天津針市街恒泰豐	八	八〇
和德堂	李溪濤	天津法租界樂棧同匯和	四〇	四〇〇
劉俊堂	同上	天津城內毛家胡同	二〇	二〇〇
積記	王克臣	天津西頭北閣內	一六	一六〇
楊玉書	同上	北平前門內順城街十六號	七三	七三〇

戶名	代表人姓名	住址	所認股數	應繳股款（業已一次收足）
陳秀峰	同上	天津英租界十三號路一〇二號	一七一	一、七一〇圓
韓達卿	同上	同前	二〇〇	二、〇〇〇
陳餘蔭	同上	同前	二〇〇	二、〇〇〇
陳幼石	同上	同前	二〇〇	二、〇〇〇
陳鐵山	同上	同前	二〇〇	二、〇〇〇
陳幼峰	同上	同前	二〇〇	二、〇〇〇
陳豫蔭	同上	同前	二〇〇	二、〇〇〇
陳受之	同上	同前	二〇〇	二、〇〇〇
正記	王思西	天津法租界海大道	三三〇	三、三〇〇
王德蔭堂	王靖五	同前	二八八	二、八八〇

江南水泥股份有限公司股東名簿　第五頁

江南水泥股份有限公司股東名錄 第 頁

戶名	代表人姓名	住址	所認股數	應繳股款（業已一次收足）
王仲記	王仲劉	天津法租界海大道	三二〇	三、二〇〇圓
王記	王繼仲	同前	二四〇	二、四〇〇
松記	王菽青	同前	二四六	二、四六〇
克齋	王克齋	同前	四〇〇	四、〇〇〇
鐘六	王鐘六	同前	二〇〇	二、〇〇〇
誠記	王紹六	同前	二〇四	二、〇四〇
黃鐘	同上	天津法租界十四號路	二四〇	二、四〇〇
和致祥堂	王筱汀	天津法租界老菜市西	六七二	六、七二〇
徐肇璆	徐蔚如	天津英租界二十九號路	一〇〇	一、〇〇〇
許季上	同上	天津英租界寶華里十二號	四	四〇

戶名	代表人姓名	住址	所認股數	應繳股款（業已一次收足）
林珍記	林珍	天津英租界	八八	八八〇圓
譚馥	同上	同前	八〇	八〇〇
蔣眉記	蔣眉	同前	八〇	八〇〇
薛正身	同上	同前	八〇	八〇〇
鄺記	鄺無	同前	八〇	八〇〇
徵記	袁徵	同前	八〇	八〇〇
阮恭記	阮士瑋	天津特別二區致安里三五號	四〇	四〇〇
高壽鶴堂	高少農	天津日租界伏見街十五號	四八	四八〇
存厚堂邱	程仁普	天津法租界竹蔭里二十六號	一二	一二〇
張輔周	同上	天津英租界鴻文里二號	三	三〇

江南水泥股份有限公司股東名簿　第六頁

戶名	代表人姓名	住址	所認股數	應繳股款（業已一次收足）
田本堂鼎新記	盧鼎新	天津義租界大馬路北	七〇	七〇〇圓
梁子緣	同上	天津寶源路四十四號	一	一〇
鹿記	麗綱高	天津河東小關大街十四號	四〇	四〇〇
廣記	灤州礦務公司	天津法租界海大道	九六〇	九、六〇〇
敬業堂吳	吳煥之	天津英租界香港路二一〇號	二四〇	二、四〇〇
李榮封	同上	天津特一區十七號路十八號	五七	五七〇
安愚齋	同上	同前	一九八	一、九八〇
中善堂于	于雅林	天津海河掛甲寺	七	七〇
陳棟材	同上	天津英租界十三號路102號	二〇〇	二、〇〇〇
趙韓輔	同上	同前	二〇〇	二、〇〇〇

戶名	代表人姓名	住址	所認股數	應繳股款（業已一次收足）
福記	桂毓萃	安徽石埭縣	二八	二八〇
沛記	胡雨公	北平西單前泥灣十七號顧宅轉	六八	六八〇
胡雲石	同上	天津河東十字街頤貞營轉	六五	六五〇
運記	盧葆元	天津英租界民園西里三號轉	三、三一八	三三、一八〇
潘記	胡哲生	天津英租界四十七號路泰來里十號王壽芝收轉	一六〇	一、六〇〇
孫峰	同上	天津英租界牆子河邊十三號路南三多里五號傅宅轉	九六	九六〇
五全堂	王硯青	天津特一區營盤路六十九號	三四八	三、四八〇
印心堂	王雲舫	天津城內中營西邵家大門	一六	一六〇
積厚軒	許駿若	天津特一區十五號路十八號李宅	一一五	一、一五〇
李企記	李企韓	同前	一、〇一三	一〇、一三〇

江南水泥股份有限公司股東名簿 第 頁

江南水泥股份有限公司股東名簿　第七頁

戶名	代表人姓名	住址	所認股數	應繳股款（業已一次收足）
遺安堂	許騤若	天津特一區十五號路十八號	一八三	一、八三〇圓
信源溢	陳伯夫	天津日租界榮街七號	三三一	三、三一〇
延慶堂	葉星海	天津英租界十三號路升大木廠	八	八〇
周蔚甫	同上	同前	一二	一二〇
葉星海	同上	同前	一六	一六〇
金修記	金修卿	天津英租界十一號路八十號	三二	三二〇
劉蓉記	程仁普	天津法租界三十號路竹蔭里二十六號	二四	二四〇
劉湫蓉	同上	天津東門內二道街壹壹八號	一一二	一、一二〇
考德堂王	王漢臣	天津英租界十五號路二六號	四〇	四〇〇
德生堂	任賓卿	天津法租界一號路正陽銀號	一六	一六〇

戶名	代表人姓名	住址	所認股數	應繳股款（業已一次收足）
王士純	同上	北平東單大土地廟十一號	一七	一七〇圓
陳友軒	同上	天津英租界張莊集賢里有字七號	二	二〇
李明	同上	同前	一	一〇
孫志英	同上	同前	一〇〇	一、〇〇〇
孫雨南	同上	同前	五一五	五、一五〇
孫貫臣	同上	天津英租界張莊集賢里三號	七	七〇
興義堂	孫雨南	天津英租界張莊集賢里七號	二二六	二、二六〇
恩善堂	安桂馨	天津法租界三十七號路二十五所六號	二七	二七〇
義德堂	安錦亭	同前	一〇六	一、〇六〇
袁進庵	同上	天津英租界	四〇	四〇〇

江南水泥股份有限公司股東名簿 第 頁

第八頁

戶名	代表人姓名	住址	所認股數	應繳股款（業已一次收足）
袁鑄厚	同上	天津英租界	四〇	四〇〇圓
袁雪侯	同上	同前	四〇	四〇〇
楊茂森	同上	天津英租界松壽里八十六號	四六	四六〇
雲賢堂	李雲波	天津中南銀行	一六	一六〇
劉靜遠	同上	天津河北三馬路北首	一六	一六〇
周金記	金秀卿	天津英租界13號路升大木廠	三五	三五〇
甫慶堂	王華甫	天津南關下頭歷安大街甫慶里一號	六	六〇
志道堂	卞華鳳培	天津北門内戶部街祥德齋對過華宅二號華永恒轉	六	六〇
蘊芸記	袁心武	天津英租界二十九號路四七五號	一、五七九	一五、七九〇
盧開璦	同上	天津英租界明園	一一	一一〇

戶名	代表人姓名	住址	所認股數	應繳股款（業已一次收足）
李允之	同上	天津特一區十六號路	五〇〇	五、〇〇〇
李成之	同上	同前	五〇〇	五、〇〇〇
明記	李勉之	同前	三六五	三、六五〇
李進之	同上	同前	五〇〇	五、〇〇〇
司記 運記 允記	袁徐庵	天津英租界	八〇〇	八、〇〇〇
春華堂謝	謝國權	天津法租界兆豐路兆豐里六號	四八	四八〇
徐積善堂	徐承彬	天津河北小于莊華新紗廠棧李桓轉	二九〇	二、九〇〇
福利堂	李濂之	天津英租界董事道一一三號	二四三	二、四三〇
永生堂	李家禮	同前	三五〇	三、五〇〇
福元堂	李宗氏	同前	三二	三二〇

江南水泥股份有限公司股東名簿　第九頁

江南水泥股份有限公司股東名簿

戶名	代表人姓名	住址	所認股數	應繳股款（業已一次收足）
益壽堂	李頌臣	同前	六四三	六、四三〇圓
利信堂	袁利信	天津特一區	八〇	八〇〇
見許堂	袁見許	同前	八〇	八〇〇
長壽堂雲記	婁盧雲青	天津義租界	二六一	二、六一〇
張繼午	同上	天津特二區吉家胡同二七號	七	七〇
朱淑記	朱淑如	唐山啟新洋灰工廠陳憲彝轉	八	八〇
張子記	張子春	啟新公司唐山工廠	一六	一六〇
槩記	李又衡	浙江灑陽場口	二四	二四〇
康記	李又衡	同前	一六	一六〇
純厚堂	倪雲卿	天津華孚公司	二四	二四〇

戶名	代表人姓名	住址	所認股數	應繳股款（業已一次收足）
有餘堂王	王輔臣	天津法租界八號路	四〇	四〇〇圓
王敬禮	同上	南京成賢街中央研究院	六	六〇
承厚堂	張間泉	天津法界楊福蔭路頤和銀號	四〇	四〇〇
富毅堂	范墨卿	天津法租界元興茶莊	八	八〇
彝玉麟	同上	天津法租界十三號路七十一號	一一二	一、一二〇
祥記	彝賀元	同前	二三一	二、三一〇
永順成	彝賀元	同前	一六	一六〇
照記	齊照岩	天津意租界小馬路	八〇	八〇〇
富貴堂焦	焦子青	天津英租界五十二號路三十五號	九六	九六〇
福蔭堂蔡	蔡福蔭	天津英租界二十號路一百七十九號	四〇〇	四、〇〇〇

戶名	代表人姓名	住址	所認股數	應繳股款（業已一次收足）
林伯賢	同上	同董	二四〇	二、四〇〇圓
蔡文敏	同上	同前	八〇	八〇〇
蔡述謨	同上	天津英租界	一四三	一、四三〇
長壽堂魯記	婁魯青	天津英租界十三號路七四號	四〇	四〇〇
慎思堂	李重典	天津法租界三五號路二八號	一六〇	一、六〇〇
曹蘭馨	同上	上海楊樹浦提籃橋順泰木廠	三八	三八〇
陳敏修	同上	上海霞飛路一四一二弄七號	四八	四八〇
元豐記	謝元龍	天津日租界太和里	一九六	一、九六〇
東海堂	徐伯軒	北平宣外校場三條一七號	五六	五六〇
余明德	同上	天津英租界開灤胡同41號	五	五〇

江南水泥股份有限公司股東名簿　第　頁

戶名	代表人姓名	住址	所認股數	應繳股款（業已一次收足）
公記	李雲章	天津南開南華路三十八號或法租界三十號路晉生銀號	三二	三二〇圓
李華珊	同上	天津西門內南大水溝北口路南第一門	一	一〇
翁文瀾	同上	天津法租界二十四號路117號	一〇	一〇〇
榮立堂陳	陳星彩	天津南門西板橋胡同	八	八〇
孫朵生	同上	天津英租界五十九號路	一六	一六〇
延陵堂	袁規庵	天津英租界廿九號路455號	一、七〇五	一七、〇五〇
敏慎堂	丁堅白	北平西四小紅羅廠四號	六	六〇
立志堂	安汝錦	天津特二區福安街德安里三號	二四	二四〇
秋先記	陳青泉	唐山啟新洋灰工廠	四八	四八〇
潤生堂	黃肅潤生	天津英租界四一號路七九號	一七〇	一、七〇〇

江南水泥股份有限公司股東名簿　第廿一頁

戶名	代表人姓名	住址	所認股數	應繳股款（業已一次收足）
桐德堂許	許桐軒	天津府署街壹百拾叁號	一	一〇圓
恒足堂	華忻如	天津義租界四馬路二十一號	四〇	四〇〇
鄭澤孚	同上	天津英租界廣東路二〇九號	二四	二四〇
李瑞生	同上	天津英租界六十號路華蔭東里九十八號	四八	四八〇
袁陳徵記	袁陳徵	天津英租界	二五	二五〇
康記	陸景維	天津法租界殖業銀行	一七	一七〇
崇德堂	周止庵	天津英租界四十四號路一三〇號	四〇〇	四、〇〇〇
忠厚堂	周志輔	同前	六六四	六、六四〇
雍記	周仲雲	同前	四	四〇
源遠堂	龐公晳	天津北門外竹竿巷洽源銀號	四八	四八〇

戶名	代表人姓名	住址	所認股數	應繳股款（業已一次收足）
金記	王鏡籙	河南汲縣城內	二、二二三	二二、二三〇圓
雲錚青	同上	天津英租界四十四號路一三〇號周志輔轉	一六〇	一、六〇〇
怡怡堂	伍克濬	天津英租界三義里二十八號	九五	九五〇
蘗文樓	同上	天津北門東玉興泰	三三	三三〇
息記	周息盦	天津英租界	三九二	三、九二〇
公記	周公善	同前	九六	九六〇
晢記	周晢臣	同前	五六	五六〇
介記	周介臣	同前	六四	六四〇
亮記	周亮臣	同前	五六	五六〇
慎安堂	董紫峰	天津小白樓同義當後十八號	一四	一四〇

江南水泥股份有限公司股東名簿　第十二頁

江南大洋灰[illegible]有限公司股東名錄　第二頁

戶名	代表人姓名	住址	所認股數	應繳股款（業已一次收足）
韓秉光	同上	天津城內二道街頭道溝三號	六四	六四〇
榮德堂	趙蘭波	天津日租界德興里	八	八〇
靜書記	潘譽予	天津城內鼓樓西板橋胡同	八〇	八〇〇
陳勳農	同上	天津法租界殖業銀行轉	四八	四八〇
董和生	同上	天津法租界濟安自來水公司	二八	二八〇
厚德堂	鄒麗銘	天津河北關上小藥王廟後	四	四〇
陳藎仁	同上	天津法租界海大道德茂恒	八	八〇
復禮堂	費子秋	河北省武強縣北代村	一五	一五〇
世德堂陸	陸少梅	北平宣內頭髮胡同	一七	一七〇
金記	楊濟成	北平金城銀行轉	九〇	九〇〇

戶名	代表人姓名	住址	所認股數	應繳股款（業已一次收足）
修業堂	吳會同	天津英租界	六〇	六〇〇圓
寶森堂	歐陽曇池	天津法租界竹蔭里	八〇	八〇〇
集九餘	同上	天津英租界廣東路二一五號	一九一	一、九一〇
柔記	集王恩柔	同前	三五	三五〇
集森甫	同上	同前	五	五〇
孫露臣	同上	天津河北福慶里六號	二	二〇
樊濬清	同上	天津英租界華蔭里	一六	一六〇
明新堂常	常耀庭	天津三馬路三槃里五號	一五二	一、五二〇
華記	顧幼辦	同前	一六	一六〇
興記	道伍	景德鎮彭家衖下首興記號	三	三〇

江南水泥股份有限公司股東名簿 第[illegible]頁

江南水泥股份有限公司股東名錄　第十三頁

戶名	代表人姓名	住址	所認股數	應繳股款（業已一次收足）
徐衛生	同上	天津英租界小白樓同義當後三號	三一二	三、一二〇圓
張品華	張建新	唐山啟新洋灰工廠	三〇	三〇〇
王正芳	同上	天津河北新大路慶記東里十四號	三二	三二〇
楊禹聞	同上	天津鼓樓東二道街西首七十九號	一二〇	一、二〇〇
吳扶青	同上	北平西四北溝沿五十二號	七二	七二〇
麗德堂	魏潛泉	天津法租界三十號路	二一九	二、一九〇
陳心泉	同上	天津英租界十一號路七十五號	一九二	一、九二〇
同心堂張記	郭春舍	天津法租界廿六號路二百〇二號	一一	一一〇
永思堂	趙幼梅	天津英租界華利里十二號	二四	二四〇
任東埜	同上	天津昌黎縣東黃家營	六	六〇

戶名	代表人姓名	住址	所認股數	應繳股款（業已一次收足）
李叔記	李叔芝	天津特一區十號路	六四	六四〇圓
李棠馥	同上	同前	八	八〇
麗記	陳麗泉	天津南開鳳儀里四號	三二	三二〇
永思堂	穆伯實	天津英租界十四號路九三號	二四四	二、四四〇
默記	穆紹亭	同前	四八	四八〇
愚記	穆叔愚	同前	五	五〇
趙翊芬	同上	秦皇島海濱開灤礦務局頭等房一號	一	一〇
李福記	李福景	天津日租界花園街一十二號	二四	二四〇
柴鋐記	柴洪鋐英	天津日租界春日街利安里二號	一六	一六〇
綿延堂	劉鶴村	天津南開、緯路富興里二號	五六	五六〇

江南水泥股份有限公司股東名簿　第[illegible]頁

戶名	代表人姓名	住址	所認股數	應繳股款（業已一次收足）
趙德卿	同上	天津英租界馬廠道	二二八	二、二八〇
積厚堂	佘仲和	天津英租界	一六三	一、六三〇
翠記	孫兆瑞	同前	一六〇	一、六〇〇
金伯平	同上	天津英租界倫敦道八十二號	一二六	一、二六〇
楊昧雲	同上	天津特一區十八號路三號	一九二	一、九二〇
蔡述猷	同上	天津英租界十一號路	一、二九三	一二、九三〇
厚德堂	岳奉之	天津南開元善里	一一	一一〇
王祖光	金輔丞	天津日租界春日街和安里十二號	一六	一六〇
阮恭記	阮筱梅	北平西長安街七十九號	四〇	四〇〇
天津鹽業銀行		天津法租界	二、八〇八	二八、〇八〇

戶名	代表人姓名	住址	所認股數	應繳股欵（業已一次收足）
江記	袁孝威	天津河北三馬路居易里	三、三一六	三三、一六〇圓
範記	陳範有	天津英租界	四〇	四〇〇
徐國源	同上	天津英租界寶華里十三號	一六	一六〇
淑德堂	魏淑婉	天津英租界十一號路一百六十號	一六	一六〇
建德堂	蔡慕韓	同前	八一四	八、一四〇
淑慎堂	董蔡嫻貞	同前	四〇	四〇〇
宜記	魏宜貞	同前	五六	五六〇
林齡堂	高星橋	天津法租界廿五號路五十號	三三	三三〇
潤安堂	吉靄如	天津法租界卅七號路七四號	四〇	四〇〇
怡威記	卞白眉	天津中國銀行轉	三二	三二〇

江南水泥股份有限公司股東名簿　第十五頁

江南水泥股份有限公司股東名簿　第　頁

戶名	代表人姓名	住址	所認股數	應繳股款（業已一次收足）
敬止堂	孫家璽	天津英租界四十號路守善里壹號	四〇	四〇〇圓
陸景羊	同上	天津東門內大街六十三號	三	三〇
王松波	同上	江蘇崇明南堡鎮	四八	四八〇
世德堂	葉君復	天津法租界六號路大生銀行	一二八	一、二八〇
李勉之	同上	天津特一區十六號路	五〇〇	五、〇〇〇
吳嬰記	吳橫青	天津英租界十四號路七九號	三五	三五〇
吳以約堂	吳叔節	同前	一八	一八〇
張悌	同上	天津河北三馬路三樂里北口八號	一二八	一、二八〇
葉文樵	葉篤仁	天津河北安徽會館後三號	四一六	四、一六〇
周友三	同上	天津特一區汝南里	五六	五六〇

戶名	代表人姓名	住址	所認股數	應繳股款（業已一次收足）
王筱汀	同上	天津法租界海大道	一、六三五	一六、三五〇圓
劉榮光	同上	天津河北五馬路齊仁里對過五十號	四	四〇
裕德堂王	王金榮	天津河北五馬路齊仁里對過五十一號	四〇	四〇〇
俞翻搢	俞述顏	北平東單新開路五十一號	一、七〇〇	一七、〇〇〇
楊茂蓀	同上	天津英租界耀華里四十七號	八一	八一〇
譚文發	同上	唐山小廣東街五條胡同五號	一八	一八〇
陳信夔	同上	唐山小廣東街六號	八一	八一〇
公記	周實之	天津英租界米多士路十八號	二、八〇七	二八、〇七〇
李芝圃	同上	唐山新生里二條胡同壹號	二八	二八〇
李慶祥	李益之	天津法租界中國實業銀行	二五	二五〇

江南水泥股份有限公司股東名簿　第十[illegible]頁

江南水泥股份有限公司股東名錄　第十六頁

戶名	代表人姓名	住址	所認股數	應繳股款（業已一次收足）
劉進德	同上	天津英租界十九號路	二、五〇〇	二五、〇〇〇圓
周念記	同上	天津英租界菜市大院十二號久安公司轉	三五	三五〇
文德織	曹希文	北平和平門內半壁街二八號	三二	三二〇
張子羿	同上	蘇州高井頭	一、五二〇	一五、二〇〇
蔚懿堂	趙淑珍	天津英租界菜市大院十二號久安公司轉	一九六	一、九六〇
雲記	孫鐵臣	天津中孚銀行	三	三〇
邊瑞彭	同上	天津日租界花園街十七番地	二二	二二〇
俞最良	同上	安徽貴池縣城內	二、〇〇〇	二〇、〇〇〇
屈榮記	屈桂庭	天津河北宙緯路五十八號	一四二	一、四二〇
承蔭堂	王貫臣	天津日租界秋山街鴻生里三號	八三	八三〇

戶名	代表人姓名	住址	所認股數	應繳股款（業已一次收足）
尊棣堂	李季芝	天津特一區十七號路二號	二二四	二、二四〇圓
袁鳳鑣	袁進庵	天津英租界小白樓	一、六三五	一六、三五〇
石松岩	同上	天津鹽業銀行轉	一、六三五	一六、三五〇
徐蔚如	同上	天津英租界二十號路	一六〇	一、六〇〇
周發記	周叔弢	天津英租界泰華里六號	一、〇〇〇	一〇、〇〇〇
左瑜記	左道腴	同右	六五〇	六、五〇〇
天津中國實業銀行		天津英租界領事道	二七四	二、七四〇
嚴侮如	同上	天津文昌宮西	一、六三五	一六、三五〇
曹餘甫	同上	天津英租界七號路四十八號	六一六	六、一六〇
吳少皋	同上	北平孟公府三號	一、六三五	一六、三五〇

江南水泥股份有限公司股東名簿　第十三頁

戶名	代表人姓名	住址	所認股數	應繳股款（業已一次收足）
方强恕堂	方夔初	天津英租界十九號路仁基里	二七三	二、七三〇圓
龔仙舟	同上	天津英租界三十七號路	五、九六八	五九、六八〇
筱予堂	朱夔賽	天津法租界中街北洋保商銀行	一六	一六〇
盧開瓊	同上	天津英租界民國西里三號	一、六三五	一六、三五〇
安蔚文	同上	天津估衣街慶德成	八八	八八〇
益生堂	李益三	天津英租界董事道一二三號	一、六三五	一六、三五〇
李九皋	閻錦江	天津楊柳青	八	八〇
杭耀祖	同上	河北唐山市	一、五〇〇	一五、〇〇〇
宗慎堂	孟慎齋	天津南開耀遠里二十號	八	八〇
王松年	同上	江蘇崇明縣南堡鎮	三、二〇〇	三二、〇〇〇

戶名	代表人姓名	住址	所認股數	應繳股款（業已一次收足）
亭記	王稚亭	天津法租界五號路餘大亨銀號	一八股	一八〇圓
楊頌臣	朱森榮	天津英租界三馬路朱宅	一	一〇
公記	龔仰佛	天津英租界37號路五十二號轉	三、六四二	三六、四二〇
扶荔堂	孫慶威	上海中孚銀行	六七	六七〇
孫仲宰	同上	同右	四〇〇	四、〇〇〇
運記	盧葆元	天津英租界民園西里三號轉	三、三一八	三三、一八〇
江記	袁孝威	天津河北三馬路居易里	三、三一六	三三、一六〇
楊淑芬	同上	天津法租界敦厚里十三號	四	四〇
金記	王饋祿	河南汲縣城内	二、二二三	二二、二三〇
程養記	程養泉	上海新北門內陳市安橋二十一號	三二	三二〇

江南水泥股份有限公司股東名簿　第十八頁

戶名	代表人姓名	住址	所認股數	應繳股款（業已二次收足）
光記	陳范友	安徽石埭縣城內	三、三二六	三三、二六〇
韓杏占	同上	天津英租界耀華里五十八號	六四	六四〇
居安堂	顔駿人	天津英租界馬場道	二、四〇〇	二四、〇〇〇
劉幼樵	同上	天津河北獅子林	七二	七二〇
本立堂	孫式山	天津英租界四四號路五〇號	三、〇〇七	三〇、〇七〇
自忍堂錫記	張錫九	天津義租界四馬路二十號	四一	四一〇
王恩西	同上	天津法租界14號路二四號轉	三、〇〇二	三〇、〇二〇
天津公立乙種工業學校	王南復	天津河東玉皇閣	六七	六七〇
大亨堂	袁士德	上海北京路二百號三樓啟新支店轉	三、〇〇五	三〇、〇五〇
朱慶記	朱森榮	天津義租界三馬路	一四〇	一、四〇〇

戶名	代表人姓名	住址	所認股數	應繳股款（業已一次收足）
吳慶芝	楊茂材	天津英租界耀華里三十二號	五六	五六〇
啟仁記	顧思魯	天津英租界29號路475號轉	一〇、〇〇〇	一〇〇、〇〇〇
李實賓	同上	河南汲縣城內公安局街	三九八	三、九八〇
蔣炯	同上	浙江杭州三元坊	一、七五〇	一七、五〇〇
梁公輔	同上	北平宣外棉花五條	一二六	一、二六〇
郎錫山	同上	同右轉	一、八〇〇	一八、〇〇〇
趙仲婷	同上	天津英租界老華利里	一一	一、一〇〇
楊西傳	同上	河北唐山市機器廠	二、四七〇	二四、七〇〇
蔡仲璐	同上	天津英租界耀華里十九號	五二二	五、二二〇
范作舟	同上	同右轉	一、七二五	一七、二五〇

江南水泥股份有限公司股東名簿　第十九頁

戶名	代表人姓名	住址	所認股數	應繳股款（業已一次收足）
啟信記	劉子伸	天津法租界十四號路廿號轉	一〇、〇〇〇	一〇〇、〇〇〇
桂慧君	桂絳甫	天津英租界三德里十八號	三〇二	三、〇二〇
楊濟川	同上	江蘇吳縣觀前街	一、〇〇二	一〇、〇二〇
李潤軒	同上	天津英租界華蔭西里二八四號	一七五	一、七五〇
啟智記	孫紹章	天津英租界四四號路50號轉	一〇、〇〇〇	一〇〇、〇〇〇
華記	余劍侯	安徽黟縣城中賓家巷	八二	八二〇
載捷三	同上	天津法租界三三號路同德里七號	一三七	一、三七〇
萍記	李希祖	天津南開南華路	四一	四一〇
輝記	李士桀	河北完縣城外新興鎮	二七	二七〇
孫燊生	同上	天津英租界五七號路	一一七	一、一七〇

戶名	代表人姓名	住址	所認股數	應繳股款（業已一次收足）
慎餘堂	晉允卿	北平東四牌樓演樂胡同41號	二六一	二、六一〇圓
雨記	丁雨岑	天津法租界三德里對過	二、〇〇〇	二〇、〇〇〇
亮記	汪克亮	天津英租界寶華里十七號轉	二、〇〇〇	二〇、〇〇〇
斂慎堂	丁堅白	北平西四小紅羅廠四號	一六四	一、六四〇
敵義記	蔣汝礪	天津英租界倫敦路五八號轉	一〇、〇〇〇	一〇〇、〇〇〇
平記	余叔平	天津英租界三十三號路永和里一號轉	三、〇〇〇	三〇、〇〇〇
慎思堂	周亮之	北平前門外薛家灣東八角胡同二十八號	一二三	一、二三〇
禮記	戴存禮	天津英法租界交界華利里公司十七號轉	一、五〇〇	一五、〇〇〇
敵勝記	蔡鴻杰	天津英租界耀華里十九號轉	九、六〇〇	九六、〇〇〇
忠信堂	蔡連璧	北平西郊海定楊家井二五號	二二	二二〇

江南水泥股份有限公司股東名簿　第二十頁

戶名	代表人姓名	住址	所認股數	應繳股款（業已一次收足）
寶豐堂	王煜	北平前門外八角胡同	九六	九六〇圓
菊記	李菊村	天津英租界張莊大橋廣善里二號轉	七〇九	七、〇九〇
熙記	袁士熙	天津英租界小白樓	一、〇〇〇	一〇、〇〇〇
鳴鳳堂	陸蔭堉	天津河北公園後開源里13號	九〇	九〇〇
年記	陳鹿年	上海愚園路底兆豐村21號轉	二、一五〇	二一、五〇〇
安記	張子安	上海南市王家碼頭萬裕街二十三號轉	一、八五〇	一八、五〇〇
重立堂	岳書元	天津南開元善里九號	六六	六六〇
劉學衡	同上	上海西摩路文德里六號轉	八六二	八、六二〇
孝友堂	張懋齋	北平西安門皇城根十九號	五五	五五〇
啟禮記	馬福禎	天津法租界十四號路24號轉	一〇、〇〇〇	一〇〇、〇〇〇

戶名	代表人姓名	住址	所認股數	應繳股款（業已一次收足）
辛酉記	周辛甫	天津英租界萃市英國大院十二號久安公司轉	一七	一七〇
棫記	周次雲	同前	三三	三三〇
英記	周英	同前	一六〇	一、六〇〇
仁利堂	陳良	天津英租界馬場道48號轉	五、二六〇	五二、六〇〇
蔡宗楙	同上	天津英租界二十九號路一百二十九號萬國賽馬會	四五	四五〇
張秀記	張爾昌	天津英租界香港路顏宅	四〇	四〇〇
剛記	鍾祿民	天津法租界海大道一一五號	一、三四八	一三、四八〇
田本堂定記	盧定生	天津義租界小馬路二號	三六	三六〇
德記	盧李馨清	同前	一二四	一、二四〇
南記	南仲武	河南汲縣平民工廠轉	九〇六	九、〇六〇

江南水泥股份有限公司股東名簿　第二十一頁

戶名	代表人姓名	住址	所認股數	應繳股款（業已一次收足）
昌記	馬圖南	天津法租界十四號路二十四號轉	一、〇四七	一〇、四七〇圓
泰記	張洪泰	天津河北大馬路擇仁里三十一號轉	三、九五三	三九、五三〇
守道堂	郭惠生	天津特別二區大公街十一號轉	六九六	六、九六〇
芸記	周挺	天津東車站啟新公司貨棧轉	一二〇	一、二〇〇
允記	晉遠清	北平東四牌樓演樂胡同四十一號轉	八七七	八、七七〇
庾宗淮	同上	南京新街口正洪路35號	九二	九二〇

附註

一　以上收足股款共計國幣貳百肆拾萬元

二　以上收足股款均填給入股證一俟設立登記辦竣後發行股票時方能編填股票號數

三　以上各股份股款均由本公司全體發起人推舉籌備委員十一人組織之籌備

戶名	代表人姓名	住址	所認股數	應繳股款（業已一次收足）
	委員會於民國二十四年四月十日一次收足即以該日爲各股份取得之日			

江南水泥股份有限公司股東名簿　第二十三頁

江南水泥股份有限公司股東名冊（一九三五年）

檔號：1041-1-1

江南水泥股份有限公司
股東名冊 36

No.

股票號碼	戶名	代表人姓名	籍貫	股數	住址
0060	王松波		江蘇	100	
0061	〃		〃	100	
0062	〃		〃	100	
0063	〃		〃	100	
0064	〃		〃	100	
0065	〃		〃	100	
0066	〃		〃	100	
○ 0067	〃		〃	100	
0068	〃		〃	100	
0069	〃		〃	100	
0070	〃		〃	100	
0071	〃		〃	100	
0072	〃		〃	100	
0073	〃		〃	100	
0074	〃		〃	100	
0075	〃		〃	100	
0076	〃		〃	100	
○ 0077	〃		〃	100	
0078	〃		〃	100	
0079	〃		〃	100	
0080	〃		〃	100	
0081	〃		〃	100	
0082	〃		〃	100	
0090	碧記	王松波	〃	100	
0091	〃	〃	〃	100	
0092	〃	〃	〃	100	
0093	〃	〃	〃	100	
0094	〃	〃	〃	100	
0095	〃	〃	〃	100	
0096	〃	〃	〃	100	
	合計				

A

江南水泥股份有限公司

股東名冊 1

1-1

No.

股票號碼	戶名	代表人姓名	籍貫	股數	住址
5789	漪記	陳碧錚	湖南	283	
5796	仝上	仝上	仝上	1,000	
5797	仝上	仝上	仝上	1,000	
5798	仝上	仝上	仝上	589	
0023	心壽堂	楊孝威	仝上	1,000	
0024	仝上	仝上	仝上	1,000	
5500	仝上	仝上	仝上	45	
5626	仝上	仝上	仝上	374	
0006	宸記	陳子宸	仝上	1,000	
0007	魏記	魏仲藩	仝上	1,000	
0008	虎記	孫虎菴	仝上	1,000	
0009	禪記	孫抱禪	仝上	1,000	
0010	袁楊學志		仝上	485	
0022	蘊芸記	袁蘊芸	仝上	144	
5625	寒華記	孫玉寒	江蘇	500	
0029	培記	陳培之	安徽	1,000	
6053	魏彤記	魏訓彤	南京	47	
6131	彤記	仝上	南京	100	
0030	洪德堂	劉啓明	江蘇	1,000	
0031	寬記	江裕如	南京	1,000	
0038	大有堂	丁孝寬	江蘇	36	
0039	懷德堂	仝上	仝上	36	
0032	翼記	黃翼之	浙江	1,000	
0040	甘達兆		廣東	18	
0033	儉記	張芊農	安徽	1000	
5270	永記	余永年	安徽	200	
5842	王楚章		浙江		
0188	蘇州墨井義莊敦方但	言[illegible]	江蘇	100	
0189	仝上	仝上	仝上	17	
0190	蘇州墨井義莊親仁但	仝上	仝上	100	
	合計				

江南水泥股份有限公司

股東名册 2

A

1-2

No.

股票號碼	戶名	代表人姓名	籍貫	股數	住址
0191	蘇州墨井義莊親仁組	言韋敏	江蘇	62	
0192	仝上	仝上	仝上	90	
0193	蘇州墨井義莊事務組	仝上	仝上	100	
0194	仝上	仝上	仝上	8	
0737	鎔記	仝上	仝上	175	
0738	禮記	仝上	仝上	500	
0739	承記	仝上	仝上	300	
0740	蔭記	仝上	仝上	200	
5286	居上堂	鄺適存	廣東	3	
0050	~~吴少皋~~		~~仝上~~	64	
0051	李麗記	吴少皋	仝上	8	
2121	仝上	仝上	仝上	120	
2122	吴怡怡堂	仝上	仝上	50	
2123	吴少皋	仝上	仝上	1,000	
2124	仝上	仝上	仝上	1,000	
2125	仝上	仝上	仝上	800	
2126	仝上	仝上	仝上	38	
2446	李麗記	仝上	仝上	16	
2447	~~吴少皋~~	~~仝上~~	~~仝上~~	~~128~~	
0053	任先競	仝上	仝上	1	
1813	仝上	仝上	仝上	218	
5294	陳慶蔭	陳慶蔭	安徽	34	
5302	仝上	仝上	仝上	33	
5296	陳禄蔭		仝上	67	
5298	陳金蔭		仝上	33	
5309	仝上		仝上	34	
5303	陳鉄蔭		仝上	67	
0113	何李俊英		廣东	4	
0117	周蘭記	周善庵	浙江	2	
0118	周静遠堂	仝上	仝上	20	
	合計				

江南水泥股份有限公司常務董事會暫行規程（一九三五年）

檔　號： 1041–1–30

江南水泥股份有限公司常董會暫行規程草案

第一章　總則

第一條　本公司常務董事由股東會依法選任組織常董會由常務董事常川駐會於本公司辦事規則規定之範圍內處理各項事宜

第二條　常務董事共四人一人為主任常務董事常務董事開會時以主任常務董事為主席

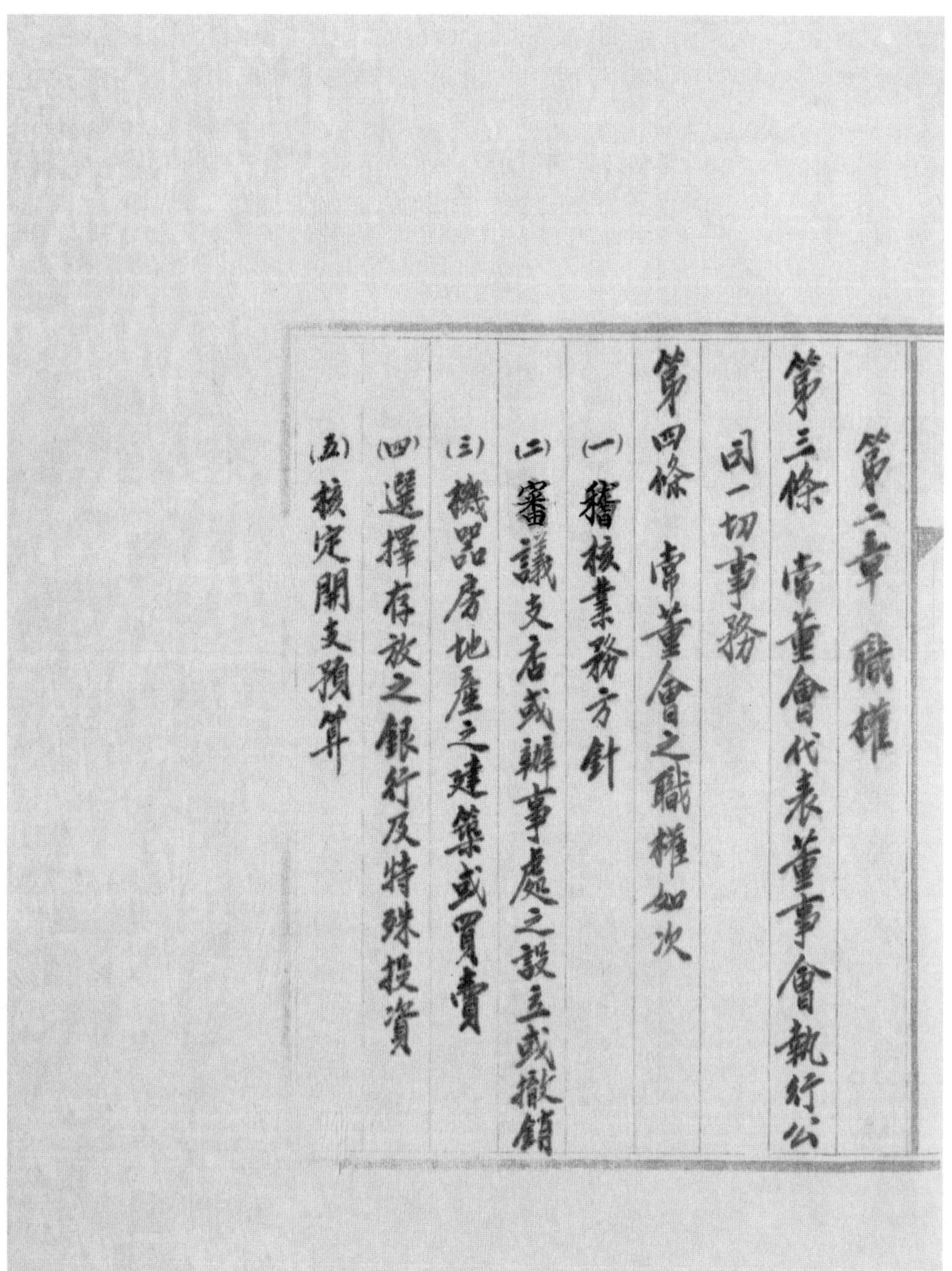

第二章　職權

第三條　常董會代表董事會執行公司一切事務

第四條　常董會之職權如次

(一)籌核業務方針

(二)審議支店或辦事處之設立或撤銷

(三)機器房地產之建築或買賣

(四)選擇存放之銀行及特殊投資

(五)核定開支預算

（六）擬定總支店組織及章程

（七）辦理全體決算報告

（八）議定召集臨時董事會日期及議程

（九）訂定對外契約

（十）裁決總分公司廠處及各股間之爭議

（十一）保管公司重要契約合同執照有價證券及其他重要文證

第三章 各股組織

第五條 常董會設中英文秘書各一人審核一人並分設股務會計出納文書四股每股設主任一人辦事員若干人必要時

得添設副主任一人秉承常務董事負
責辦理各該部份事宜
第四章　各股職掌
第六條　秘書執掌事項如次
(一)本會對外對内一切機要華洋文件
(二)本會機要密電之擬稿翻譯及收發
(三)常董會應行保管之人事密件
(四)常董會會議紀錄及保管
(五)其他不屬於各股事宜

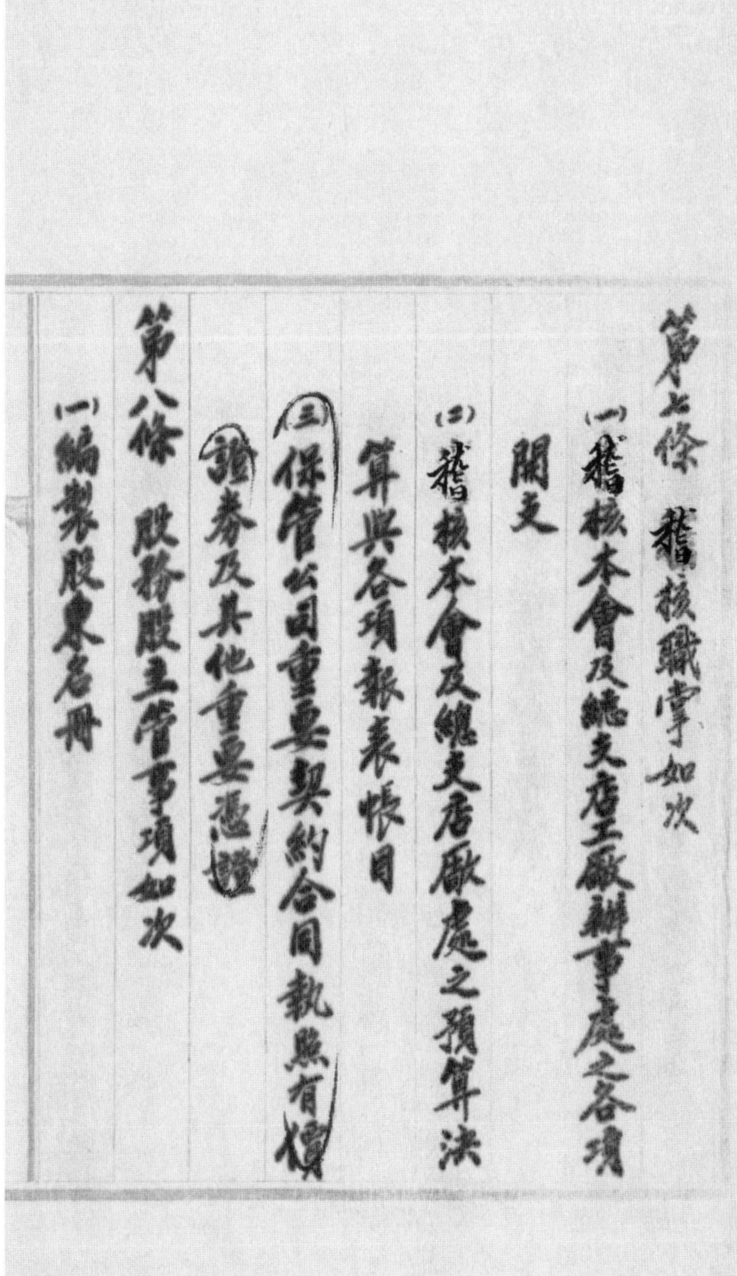

第七條　稽核職掌如次

(一)稽核本會及總支店工廠辦事處之各項開支

(二)稽核本會及總支店廠處之預算決算與各項報表帳目

(三)保管公司重要契約合同執照有價證券及其他重要憑證

第八條　股務股主管事項如次

(一)編製股東名冊

(二)換發入股證股票及過戶換票等其他關於股票各種手續

(三)登記股務帳册

(四)保管及核對股東印鑑

(五)核發股息

(六)股東會開會時驗發入場劵選舉票

(七)其他一切股務事宜

第九條　會計股主管事項如次

(一)擬彙本公司全體總預算總決算書

(二)彙集編製總日計表及月計表
(三)核算產銷成本
(四)設計改革及推進本會及總分店廠處
會計
(五)登記及保管常董會之各項帳目
(六)編製及保管常董會之各項表報傳
票帳冊及附屬之單據等
(七)填寄對外催款帳單
(八)其他一切會計事宜

第十條　出納股主管事項如次

(一)現金票據之收付

(二)現金簿之登記

(三)調度款項之存放

(四)保管支票本及押脚圖章

(五)保管銀行存摺及存單等

(六)其他一切有關出納事宜

第十一條　文書股主管事項如次

(一)本會對内對外一切文件之擬稿及繕發

（二）收發文件

（三）登記傳閱收發文及摘由

（四）本會普通電報之擬稿翻譯及收發

（五）撰擬各項章則

（六）保管職員保證書並辦理每年對保函件

（七）庶務事宜

（八）其他一切文書事宜

第五章　秘書辦事手續

第十五條　本會對外對內一切機要華洋文件密電收入

呈經常董折閱後交由秘書摘由登記並保管（登記後須注意常董簽章已否齊全如有未閱洽者須補行簽閱齊全後歸卷）

第十三條 本會對外對內一切機要華洋文件密電經常董指示大意由秘書起稿後先送各常董全体核閱（如常董有因事未到公司又未能延緩者應於其到公司時即行補閱）修正後由秘書親自繕正封妥交文書股發寄

第十四條 常董交下之人事密件由秘書保管

時應先注意常董簽閱已否齊全並摘
登目錄
第十五條常董會召集開董事會時經常董預定日期
時間由秘書通知各董事開董事會時秘書應
列席紀錄開列第幾次會議日期及出席列席
姓名紀錄人姓名於議案之前並於紀錄完畢時請
到會人簽字此項紀錄由秘書保管之
第十六條本會秘書保管之各項要件非常董本
人或經常董特許查閱者不得宣泄於

第三者

第五章　稽核辦事手續

第十七條　各項傳票報表必須經由稽核復核蓋章後方能成立

第十八條　出納股開具支票後應連同傳票及單據一併先交稽核復核由稽核在傳票上蓋章後再呈常董簽閱

第十九條　出納股收到款項應即開具收款傳票送交稽核復核蓋章後呈常董簽閱

第六章 股務股辦事手續

第二十條 股東持啟新發息通知書前來换取入股証時應請其先填具印鑑票留存本會再按印鑑票户名填寫入股証由本股主任負責核對蓋章並連同印鑑票及銷廢通知書送請常董簽章

第二十一條 股東持入股証前來换取股票時應請其在入股証背面及知照單上加蓋原留印鑑並填具入股証换取股票知照單經核

對相符後再填寫股票經由本股主任負責核對蓋章送請常董簽章並於息單騎縫處加蓋公司章

第二十二條　股東持入股証或股票前來聲請過户時應請其覓保填具轉讓証書由讓受双方各在証書上及入股証或股票息單背面簽蓋印鑑並由受方填具新印鑑票繳納過户費按每張入股証國幣一元（印花在内）股票换票費按每張國幣五角（印花在外）經核對

讓方印鑑相符先送主任核閱後再按新印
鑑户名填寫股票送請常董簽章
第二十三條股東遺失原留印鑑前來聲請掛失時應
請其填具本會備就之聲請書正式盖章
並提出保証人經主任認許並填具保証
書照本公司章程辦理如無糾葛將登出
之報紙連同新印鑑送交公司存驗
第二十四條股東遺失入股証或股票前來掛失時應
請填具本會備就之聲請書簽盖原印

鑑並提出保證人經主任認許填具保證書照本公司章程辦理如無糾葛將登出之報紙送交公司復填具入股證或股票補領證書簽蓋原印鑑補領新入股證或新股票

第二十五條入股證或股票與原留印鑑如一併遺失時按第二十三四條手續一併照章辦理如無糾葛再行辦理補領新入股證或股票暨填送新印鑑手續

第二十六條　股東如需更換印鑑應填具本公司備就之聲
請書加蓋新舊印鑑經本股主任核符後再
另填送新印鑑票呈　閱存查

第二十七條股東以股票向第三者押借款項受押人
前來聲請註冊時應請其會同原股東
填具聲請書此項註冊期限一年但期滿
得再聲請

第二十八條　前項第二十一條至廿七條規定之換股過戶更
換印鑑及註冊手續力求迅捷不得積壓

第二十九條　股東名冊應編號並經全體董事及本
股主任簽章於冊內首頁
第三十條　股務帳冊均須編號並經常董及本股主
任簽章於冊內首頁
第三十一條　發付股息時由本股核計數目填寫付
息清單繕製傳票並知照出納股照關
支票經本股主任及稽核核對後仍由本
股連同股票交付股東
第三十二條　股東會日期議程經董事會決定後由

本股負責預備及分發應用入場券還
舉票等並分發入場券於各股東並於
開會時負責驗對

第七章　會計股辦事手續

第三十三條　編製本公司每年度總概算書須先彙集總分店廠處分概算書由會計主任作初度核定後連同本會概算彙製初稿並詳註說明送由常董核定後再行繕正製成之

（此項總概算書每年至遲必須於　月　日完成之）

第三十四條　總日計表之製成亦由會計股根據彙集之總分店廠處金額編製之

第三十五條　會計股根據各種有關帳目表報每週分別製成生產及銷售成本表隨時備查

第三十六條　會計股執掌之各項帳冊表報除常董會及常董核准臨時查閱之人員外不得宣示他人

第廿七條　本會會計制度及帳表式樣均詳載會計規程此項會計規程由本股擬製送由常董會議決施行修正時同

第廿八條　除有現金進出及股務股傳票外其轉帳傳票均由會計股擬製

第八章　會計出納兩股連帶關係手續

第廿九條　收入現款時應即由出納股擬製收款傳票如需收據者並開具收據均由本股主任簽章所收款項當即送存銀行傳

票即交稽核復核盖章呈常董簽閱

閱畢交會計股記帳

第四十條 付出現款時應根據各關係股之簽條由會計股繕製付款傳票交出納股開具支票在支票上加盖押脚圖章在傳票上加盖名章先送稽核復核並在傳票上盖章後再呈常董核閱簽章款項交付時應由出納股取具收據或由收款人在傳票上簽收傳票閱畢即交

會計股記帳

第四十一條 如有自甲銀行調撥款項至乙銀行時須開具現款撥帳傳票照開支票一併送交稽核復核後呈 常董簽章

第九章 文書股辦事手續

第四十二條 本會對外對內一切文件電報收到時由文書股主任拆閱後由本股摘由登記送常董簽閱後再行分發各關係股主任閱洽辦理

第四十三條 本會對外對內一切文件電報先由各關係股簽具意見交由文書股擬稿仍由各關係股主任會同簽稿呈送常董核閱定稿後仍由文書股繕正校對登入發文簿發寄

第四十四條 職員請假須預先得主管人員之同意書具假條由主管員加章呈常董核閱後歸文書股粘存月底年終均須列表呈閱並餘照本公司辦事規則之

規定

第四十五條　凡職員保證書及每年對保函件均由文書股隨時呈閱

第四十六條　凡收文附有銀錢票據或其他重要單據者均由主管股簽收（同時蓋章於來文上）外來帳單直接由會計股存收

第四十七條　庶務清潔僕役及零星購置等均由文書股主任督率辦理庶務之辦

事宜負責處理
零星購置物品之發單及發電費憑證均隨時歸出納股收存記帳發票由辦理廠務之辦事員保管並登帳發給
凡廠務用品之收支均須登帳結算數量並製表記明之

第十章 附則

第四十八條 本規程未載明事宜悉依本公

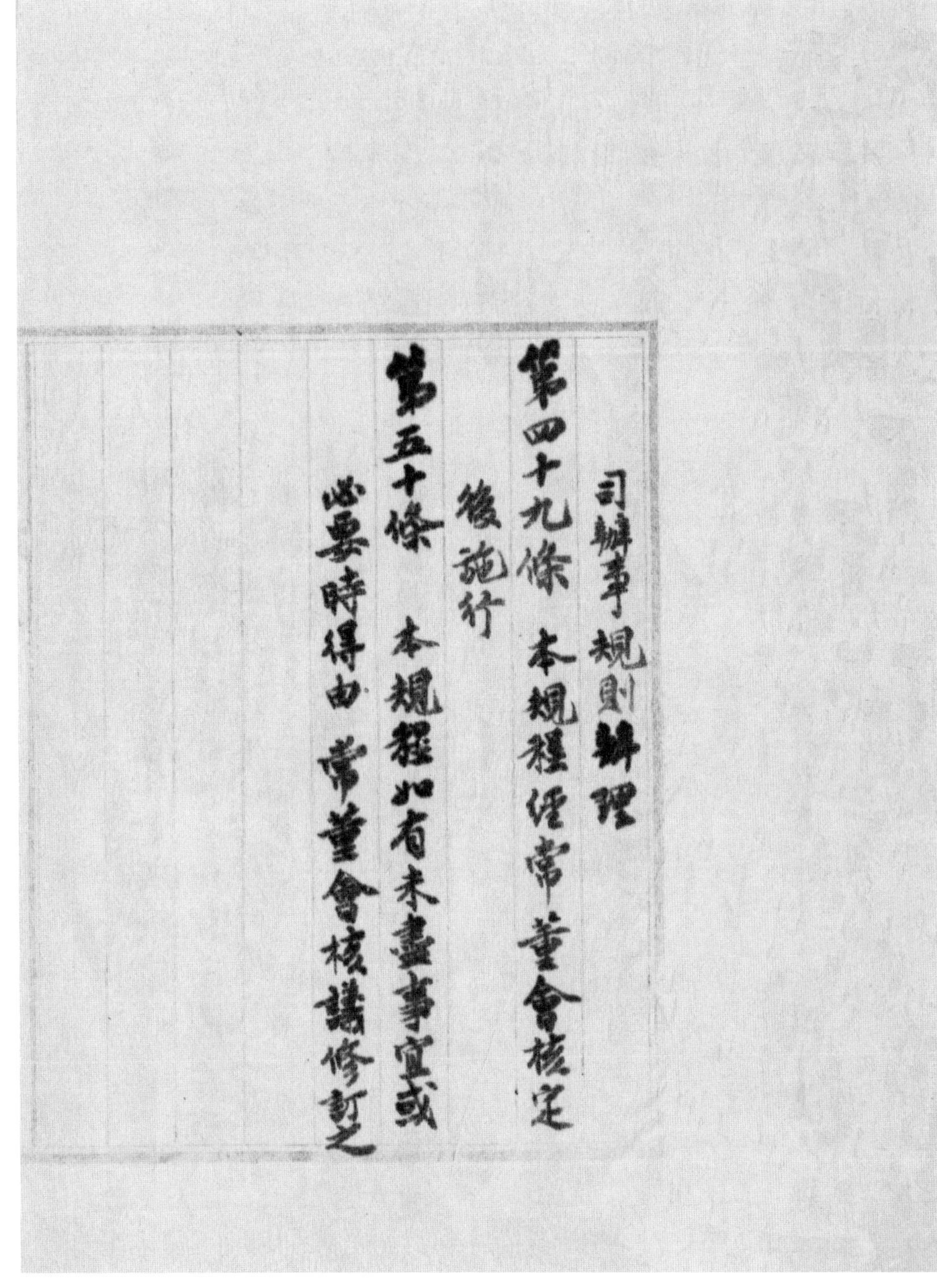
司辦事規則辦理
第四十九條　本規程經常董會核定後施行
第五十條　本規程如有未盡事宜或必要時得由常董會核議修訂之

江南水泥股份有限公司第一次股東大會決議録（一九三五年五月一日）

檔號：1041–1–30

江南水泥股份有限公司第一次股東大會決議録

一、報告本公司股款業已全數一次收足及籌備處成立事

各股東無異議

一、提議訂立本公司章程宣讀發起人起草本公司章程草案請公決通過事

各股東全体起立通過

一、報告本公司依法辦理公司備案及公司設立登記事

各股東無異議

一、提議照章投票選舉董事長一人常務董事三人董事五人監察二人事

當經公同投票公推股東岳泰之周緝千君監視開票計

董事長票弍百肆拾柒張常務董事票弍百伍拾伍張董事票弍百肆拾肆張監察人票弍百肆拾叁張唱名撿票分别計數除所有各票散選舉人姓名詳載議事錄外兹將當選各位權數分誌如次

董事長一人

顔惠慶先生　一六二、九六七權當選

常務董事三人

袁心武先生　一六一、六三九權當選

王仲劉先生　一四四、二四五權當選

陳範有先生　一二一、六三八權當選

董事五人

孫章甫先生　一五〇、四〇二權當選

周實之先生　一四八、一二六權當選

曾養甫先生　一三一、一二六權當選

盧開瑗先生　一二三、三二九權當選

吳少皋先生　一一六、一九一權當選

監察人二人

葉秀峯先生　一五二、七八四權當選

顏季餘先生　一四〇、五九七權當選

中華民國二十四年五月

主席周實之

董事長顏惠慶　袁代

常務董事袁心武　心武

王仲劉

陳範有

董事孫章甫

周實之

曾養甫

盧開瑗

吳少皋

監察人葉秀峯

顏季餘

顔惠慶爲組織江南水泥股份有限公司請准予備案致南京市社會局的呈文（附公司章程草案等）（一九三五年四月三十日）

檔　號：1041–1–5

呈

事由	擬辦	批示	備考
爲組織江南水泥股份有限公司請准予備案由			
附件 如文			

號 第　字 文收

呈　字第　號　年　月　日　時到

呈爲組織江南水泥股份有限公司請准予備案事竊惠慶等集資貳百肆拾萬元創設江南水泥股份有限公司按照發起人認足股份總數設立股份有限公司之規定會經由發起人開會推舉顏惠慶袁心武王仲劉陳範有孫多鈺周實之吳少皋盧開瑗王松波庾宗溎張建新等十一人爲籌備委員籌備一切進行事宜理合備文連同公司章程草案及發起人姓名住址並所認股數清冊暨營業計劃書呈請

鈞局准予備案批示施行實爲公便謹呈

南京市社會局局長陳

附呈

一、公司章程草案一份

二、發起人姓名住址並所認股數清冊一份

三、營業計劃書

具呈人江南水泥股份有限公司籌備委員顏惠慶

江南水泥股份有限公司章程草案

第一章　總則

第一條　本公司定名江南水泥股份有限公司

第二條　本公司製造水泥以及水泥製成用品暨矸子土各種器皿運銷中外並舉辦有關係事業以開闢利源爲宗旨

舉辦前項事業用款在股本總額百分之五以下者董事會有權先行辦理於股東會時報告請予追認其需款在股本總額百分之五以上者須經由股東會議決行之

第三條　本公司設本店於南京市設支店於上海其他各地設立支店及委託代理處由董事會之議決行之

第四條　本公司設總工廠於江蘇省江甯縣境棲霞山東攝山渡

必要時經股東會之議決得於他處增設分廠

第五條　本公司公告採左列方法行之

登載南京上海天津通行日報

第二章　股份

第六條　本公司股本總額定爲國幣貳百肆拾萬元分爲貳拾肆

萬股每股拾元一次收足

第七條　本公司之股東以有中華民國國籍者爲限

第八條　本公司股票爲記名式由董事會推董事五人簽章塡發

每戶一張認購多股者得因其請求分塡數張

一

第九條　本公司股息定爲年息陸釐於有盈餘之年分派之

第十條　本公司股票如有轉讓買賣等情應由原股東及受股人雙方於股票背面簽名加蓋原留並新存印鑑另具轉股證書交由本公司審核無訛方准過戶登載股東名簿改換戶名發給股票

第十一條　股票有因繼承或其他原因取得股份所有權請求過戶時須由請求人填具轉股證書提出證據連同原股票及原留印鑑交由本公司審核無訛方准過戶登載股東名簿改換戶名發給股票

第十二條　股票如有遺失毀損須補發新股票時須向公司報告填具請求書並須登載本公司所指定之日報七天經過六十日後並

無第三者主張異議時方能邀同保證人連同所登報紙全份交由本公司核准方可換給新股票

第十三條　股東須將印鑑塡具印鑑條交公司存查股東向公司領取紅利或轉讓股份或對本公司行使一切股東權利時須以此項登記之印鑑爲憑

第十四條　股東送存本公司之印鑑如將該項圖章遺失或損壞時須塡具本公司規定之股東遺失印鑑報告書並須在本公司指定之日報登載三天如過六十日後並無第三者主張異議時得檢同所登之報紙全份送請本公司審核無訛者方可改換新印鑑存記自報告遺失印鑑之日起在新印鑑未核准存記以前所有股票轉

二

讓過戶支取紅利及股東行使一切權利均暫行停止

第十五條 關於股票過戶期間及手續費並其他未盡事宜由董事會另定之

第三章 股東會

第十六條 本公司股東會分左列二種

一股東常會於每年度結帳後定期召集關會其召集事由地點時日由董事會於三十日前依本章程第五條公告之

二臨時會由董事會或監察人認有必要事項時或由股本總額二十分以上之股東按照公司法第一百三十三條請求行之但此項股本總額二十分之一以上之股東請求時須將股票交存本公

司並須查明股票與所列股名相符方爲有效其召集事由地點
時日俱由董事會於十五日前依本章程第五條公告之
第十七條　股東會之議決除公司法有特別規定者外以本公司股
份總數二分之一以上之股出席出席股東表決權過半數行之可
否相同取決於主席
第十八條　股東會議每一股有一表決權但壹股東有拾壹股以上
者其超過部份每十股或不及十股者均減一權但至多不得超公
司法第一百二十九條之規定
第十九條　股東因事不得到會得於會期二日前親具委託書加蓋
原留印鑑委託本公司股東代表與會

三

前條股東及本條前項代表於會議事項與其個人有利害關係者
不得加入表決

第二十條　每年股東常會舉行之事項如左

一由董事會將本屆帳略編製齊備經監察人查核負責證明後提
出報告並請求承認

二報告本屆營業狀況

三規定此後營業方針

四選舉監察人董事長常務董事及董事如有任滿者照章選舉

五其他討論事項

第二十一條　股東會開會由董事會公推一人主席會畢解任

第二十二條　股東會議决事項均記載於決議錄由主席及各董監簽章交由董事會執行之

第四章　董事及監察人

第二十三條　本公司設董事九人其中有董事長一人常務董事三人均直接由股東會就股東中持有股票滿貳百股以上實註本身姓名者選任之

第二十四條　本公司設監察人二人由股東會就股東持有股票滿壹百股以上實註本身姓名者選任之

第二十五條　董事任期三年監察人任期一年均得連舉連任如遇董監缺額時另由股東會選任之

四

第二十六條　董事及監察人之職權悉照公司法之規定

第二十七條　董事長爲董事會主席對外爲本公司之代表因故不能執行職務時由其委託常務董事一人代理之

第二十八條　常務董事三人組織常務董事會推定一人爲主任凡董事會議決事項交由常務董事執行之所有公司文件至少須經主任常務董事及其他常務董事一人簽署主任常務董事不能行使職務時得委常務董事一人代理之常務董事爲公司職員之領袖承董事會之意旨處理公司一切業務其關於重要事宜須提由董事長召開董事會議決之

第二十九條　董事會議須有半數以上之董事到會以到會之多數

取決可否同數時由主席決之其議事細則由董事會另定之

第三十條　左列事項經由常務董事會審定妥協由主席常務董事提交董事會通過而執行之

一決定公司業務方針

二造具年終決算報告

三釐訂公司製銷及一切辦事規則

四核議分支店之設立或撤銷

五審核對外之重要契約

六關於盈餘之分配

七公司科長以上職員之聘用

五

八召集股東會

第三十一條　凡董事長常務董事董事對股東會負連帶責任

第三十二條　董事會議有關於監察人職權者得由董事長召開董監聯席會議

第五章　結算及分配

第三十三條　本公司會計年度自一月一日起至十二月三十一日止

第三十四條　本公司每年總結算時由董事會造具左列各項簿册交由監察人覆核負責副署後報告於股東常會請予承認

一貸借對照表

二財產目錄
三損益計算書
四營業報告書
五分派盈餘之議案
第三十五條　本公司每年總結算所得利益除一切開支及折舊外如有盈餘先提十分之一爲公積金次付股息其餘按照十四成分派以十四成之八歸股東按股均分以十四成之六爲董事長常務董事董事監察人暨辦事同人酬勞其分配細則由董事會另定之
第六章　附章
第三十六條　本章程如有未盡事宜悉照公司法辦理如須修改應

六

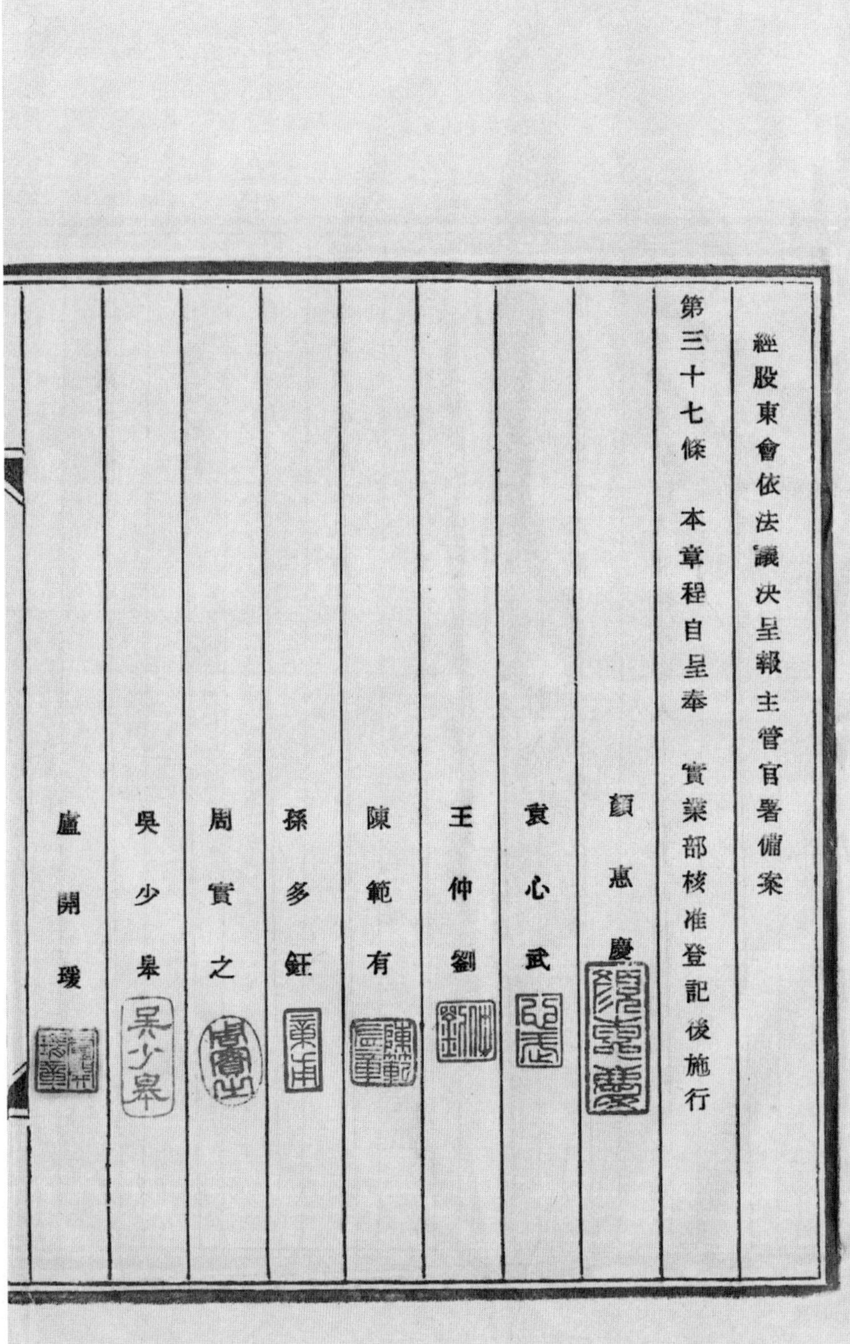

經股東會依法議決呈報主管官署備案

第三十七條　本章程自呈奉　實業部核准登記後施行

顧惠慶

袁心武

王仲劉

陳範有

孫多鈺

周實之

吳少皐

盧開瑗

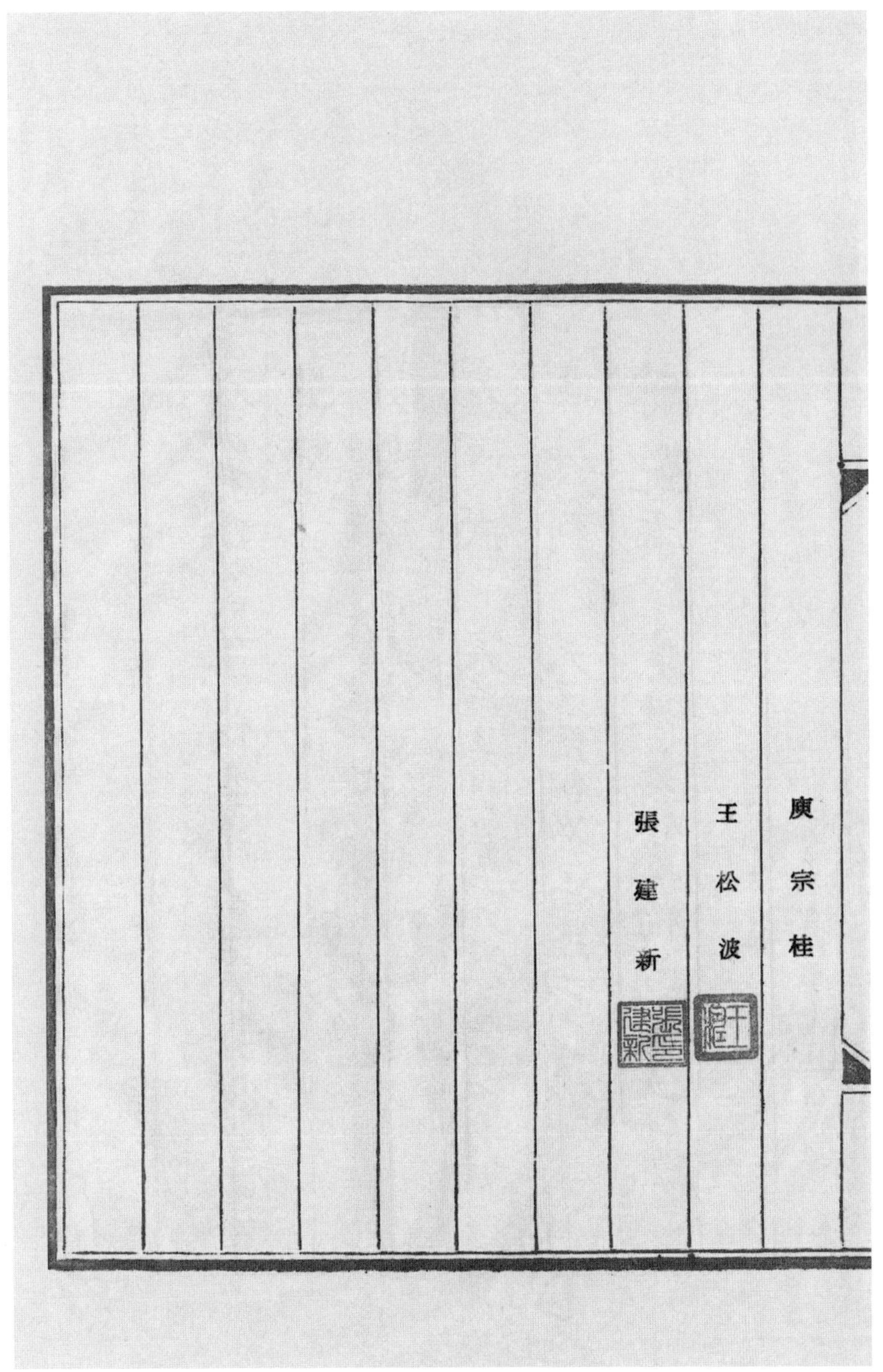

庾宗桂

王松波

張建新

江南水泥有限公司籌備委員姓名住址單

計開

顔惠慶　天津英租界馬場道

袁心武　天津英租界二九號路四七五號

王仲劉　天津法租界十四號路二十號

陳範有　天津英租界倫敦路五八號

孫多鈺　天津英租界四四號路五十號

周寶之　天津英租界味哆士路十八號

吳少皋　北平東安門内孟公府三號

盧開瑗　天津意租界小馬路二號

王松波　江蘇崇明縣南堡鎮

庾宗溎　南京新街口正洪路三五號

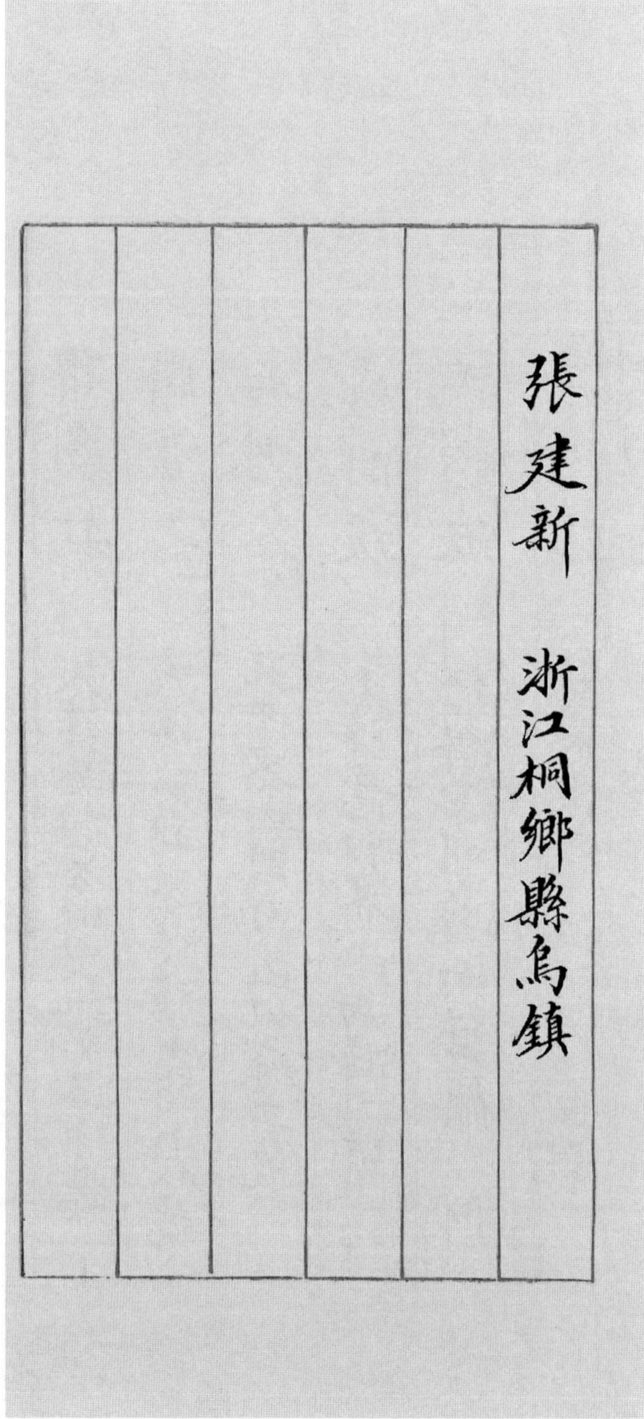

張建新　浙江桐鄉縣烏鎮

發起人代表名錄

姓名	經歷
顏惠慶	中華民國駐蘇俄大使
袁心武	天津耀華玻璃公司董事
王仲劉	灤州礦地公司董事
陳範有	南京樂居房產公司董事
孫多鈺	天津中孚銀行總經理
周實之	華新紡織公司衛廠管理
吳少皋	平西宏臨煤礦管理
盧開瑗	中國天津濟安自來水公司董事
王松波	北洋大學畢業在德國專門研究水泥學
庾宗桂	上海華中營業公司經理
張達新	會計師

江南水泥股份有限公司計畫書

江南水泥廠擬設在江蘇省江寧縣棲霞山東攝山渡該處沿江水陸交通便利附近產有大批土石原料採取最新機器機器能力每日可出水泥貳千桶每年以十個月計共可出水泥陸拾萬桶

茲將所需資本及損益計算書附列於後

(甲)固定資本

一、地基　洋拾萬元　加二萬

二、房屋及其他建築物　洋伍拾萬元　加十萬

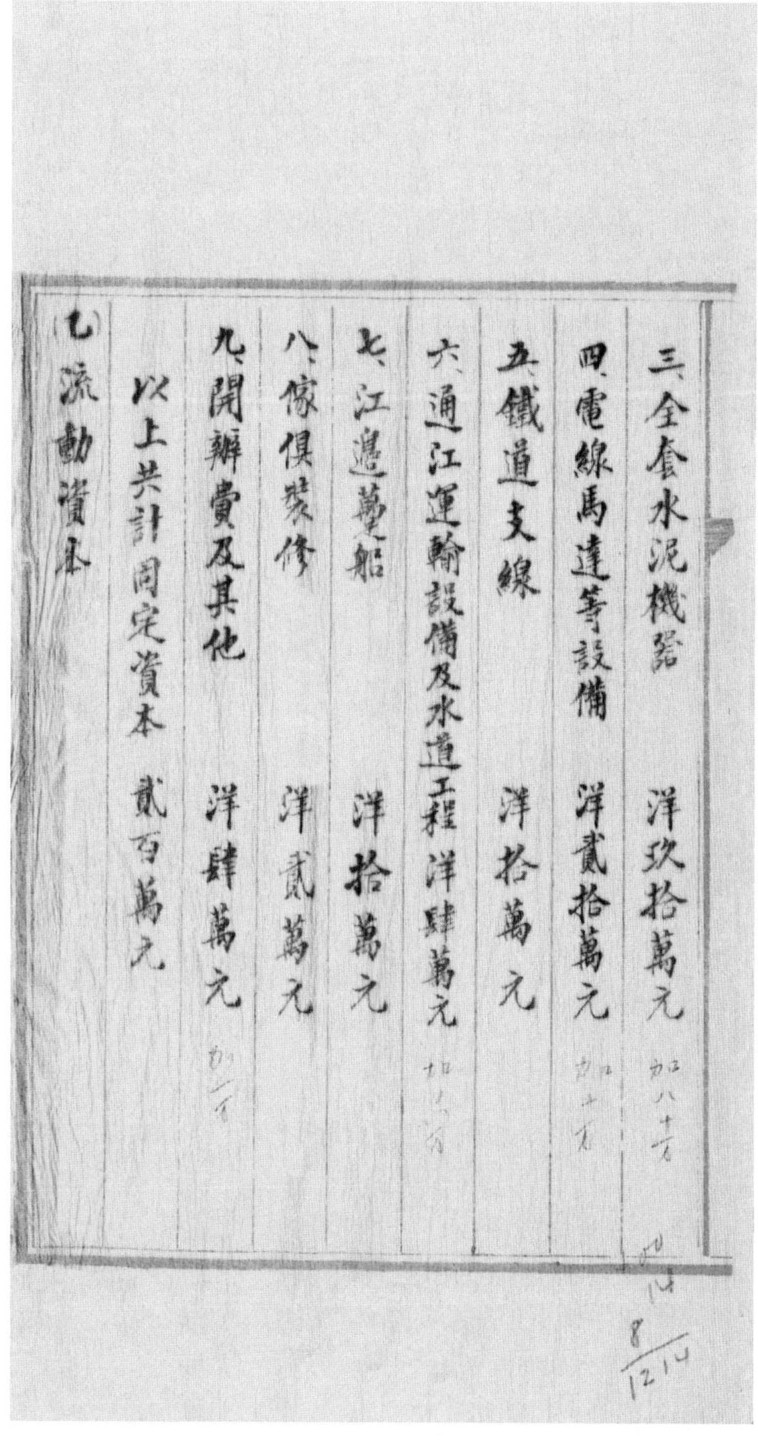

三、全套水泥機器　洋玖拾萬元　加八十万

四、電線馬達等設備　洋貳拾萬元　加十万

五、鐵道支線　洋拾萬元

六、通江運輸設備及水道工程　洋肆萬元　加八万

七、江邊躉船　洋拾萬元

八、傢俱裝修　洋貳萬元

九、開辦費及其他　洋肆萬元　加一万

以上共計固定資本　貳百萬元

（乙）流動資本

一、機器配件及各項材料　洋拾伍萬元　加十万

二、存貨及帳款　洋拾萬元　加七万

三、流動金　洋拾伍萬元　加五万

以上流動資本洋肆拾萬元

以上甲、乙、丙項共需資本總額洋貳百肆拾萬元

損益計算書

收入項下

一、水泥價　年產水泥陸拾萬桶　每桶售價以洋捌元計　洋叁百拾貳萬元

付出項下

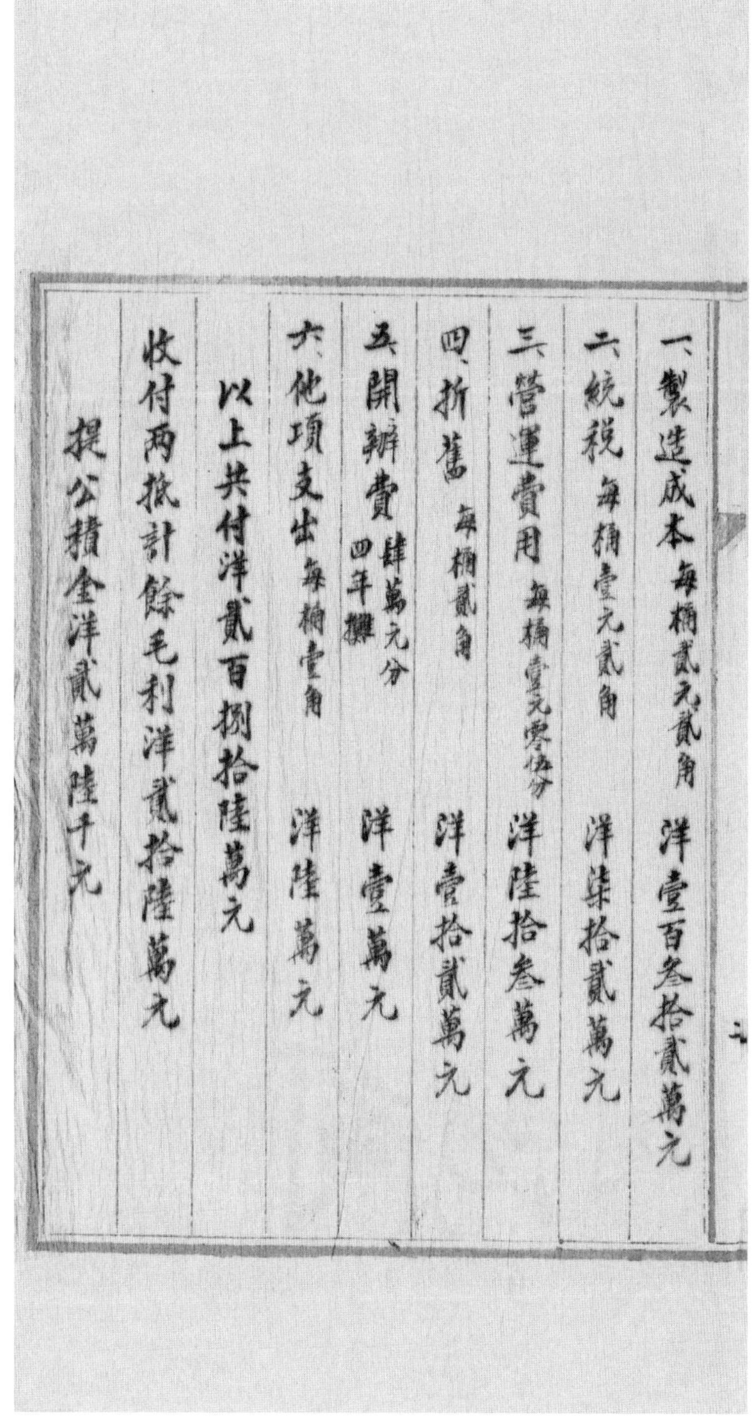

一、製造成本 每桶貳元貳角 洋壹百叁拾貳萬元
二、統稅 每桶壹元貳角 洋柒拾貳萬元
三、營運費用 每桶壹元零伍分 洋陸拾叁萬元
四、折舊 每桶貳角 洋壹拾貳萬元
五、開辦費 肆萬元分四年攤 洋壹萬元
六、他項支出 每桶壹角 洋陸萬元
以上共付洋貳百捌拾陸萬元
收付兩抵計餘毛利洋貳拾陸萬元
提公積金洋貳萬陸千元

提股息陸厘洋拾肆萬肆千元
計得盈餘洋玖萬元照章以十四成之八爲股東
餘利十四成之六爲董監事及辦事同人酬勞
周

江南水泥股份有限公司董事會議事録（一九三五年五月二日至一九四四年五月十七日）

檔號：1041–1–58

江南水泥股份有限公司董事會議事錄

民國二十四年五月二日江南水泥有限公司董事會

第一次會議

一、公推袁常務董事代理董事長主席

宣告董事會成立

一、袁周王陳盧諸董事并依啓新江南兩

公司股東會董事可以兼任議決案一併宣

告與吴董事同時就職

一、常務董事會報告已推定袁心武先生

為主任常務董事 王仲劉 先生 為

副主任常務董事 陳範有 先生

一、籌備處在未能結束以前仍繼續辦公

一、查照股東會通過本公司章程草案公推

起草董事會應訂定之件如左

(一)董事會議事細則 推 王常務董事起草

(二)同人分配酬勞細則 推 陳常務董事起草

又股票過戶期間及手續費俟換發正式

股票時再議

一請籌備委員王松波君報告選購機器比價情形議決先向浦利廠磋商還價由王委員妥爲磋洽呈候常務董事會察奪

董事長顔惠慶　袁代
主任常務董事袁心武　心武
副主任常務董事王仲劉　王仲劉
副主任常務董事陳範有　範有
董事周實之　實
盧開瑗　瑗

吳少皋 少皋

五月九日董事會議（第二次）

一、報告顏董事長自莫斯科來電即日就職委託袁心武先生代行董事長職權事

一、議決首都辦事機關定名為「江南水泥廠籌備處」借延啟新庾襄理宗濉充任處

長加派孫栢軒充副處長月支薪洋一百二十元
津貼洋四十元自五月份起支

一、討論 王常務董事 起草 董事會規則議
決按照施行 有議案

一、討論 陳常務董事起草董事長常務
董事董事監察人暨辦事同人酬勞分配細
則議決按照施行 有議案

一、審查籌備委員王松波君報告進行訂購
機器向浦利還價情形議決即向浦利訂

購 有議案

一、提議致送董監事夫馬事
議決按月致送 董事長夫馬洋壹百陸
拾元文顏季餘先生代收其餘董事監察
人均按年致送夫馬洋陸百元
周董事提議常務董事應支薪水 吳盧董
事均附議 王袁陳常務董事均表示此時即定
薪水亦不願支一俟将來設廠裝機開車出
貨悉如預定計畫獲有盈利屆時再定薪

水並為不遲衆議仍請預定　袁主任常務董事等表示如屆廠已辦成時即補支前未領之薪酬於心亦安議決照辦

一、議決本公司技術員事務員皆以考試合格者錄用

一、預備本公司設立登記之呈件由全體董事監察人蓋章

董事長　顔惠慶　袁代

主任常務董事袁心武　心武

副主任常務董事王仲劉

副主任常務董事陳範有 範有

董　事 周實之

盧開瑗

吳少皋 少皋

五月二十三日董事會議（第三次）

一、報告本公司辦理備案及依法呈請查驗股款事 有議案

一、審核王委員松波續報接洽訂購製造水泥

機器經過情形議決按照王委員最後商訂
條件向史密芝廠簽訂購買雙機合同
一、將首次成立會選舉董事監察人開列名
單檢同決議錄謄本備文呈報南京市社會
局該項呈文由全體董事具名蓋章即日寄
京備遞

董事長顏惠慶 袁代
主任常務董事袁心武 心武
副主任常務董事王仲劉 [簽名]

副主任常務董事陳範有

董　事　孫章甫

周實之

曾養甫

盧開瑗

吳少皋

八月十三日董事會議（第四次）

一、報告本公司申請為設立之登記已奉　實業部核准給照事　有議案　公同閱悉

一、提議加推袁鑄厚君余仲和君為籌備委員 有議案 議決照辦

一、報告已訂妥鋼球鋼段及柴油引擎發電機事 有報告案 公同閱悉

一、提議關於訂購電氣設備計為馬達減速齒輪電纜變壓器總分電台電鉀、機電氣零件等比較各家報價請核議事 有議案議決即向禪臣訂購

董事長 顏惠慶 袁代

主任常務董事袁心武　心武

副主任常務董事王仲劉　[illegible]

副主任常務董事陳範有　範有

董　事孫章甫　[illegible]

周寶之　[illegible]

曾養甫

盧開瑗　瑗

吳少皋　山皋

十二月四日董事會議（第五次）

一、報告本公司陸續訂購機件有(一)原料摻合機(二)修理機件(三)採石機件(四)化驗儀器(五)電門電線(六)灌桶機(七)提運機等所有各項機件付款辦法及日期附表載明 有報告案附表 公司閱悉

一、報告本公司委託上海揚子建業公司承辦關於工廠機器底座及房屋等設計繪圖等事已經簽訂合同事 有報告案 公同閱悉

一、報告本公司與京滬鐵路局簽訂敷設岔道合同事 有報告案 公同閱悉

一、提議本公司與首都電廠磋商供電條件請公決以便訂立合同事 有議案 議決合同照簽借欵撥付

董事長 顏惠慶 袁代

主任常務董事袁心武

副主任常務董事王仲劉

副主任常務董事陳範有

董事 孫章甫

周實之

曾養甫

盧開瑗

吳少皋

二十五年二月二十五日董事會議（第六次）

一、提議本公司加入啓新中國等公司聯合營業請公決事 有議案議決公推 陳常董赴滬會同啓新中國兩公司代表先簽訂三公

司聯業正式合同所有產銷比例及攤支費用即俟本公司出貨後再與啟新公司議訂合同可也

一、提議以本公司購付機器鎊價盈餘及所收逾額股款將本公司股份總額增至四百萬元以昭核實請公決事 有議案議決根據第一次股東會及向 實業部登記年產六十萬桶之原案照廉價購進產量加倍機器暨結付鎊價盈餘並收進逾額股款自可照所提

議擴充股額為四百萬元提由臨時股東會
公決並公同提議修正章程之草案如左
第六條 「股額二百四十萬元分為二十四萬
股」擬改為「股額四百萬元分為
四十萬股」
第九條 擬刪去 次序遞次下推共為三
十六條
第二十二條 「董事九人」擬改為「董事
十一人」

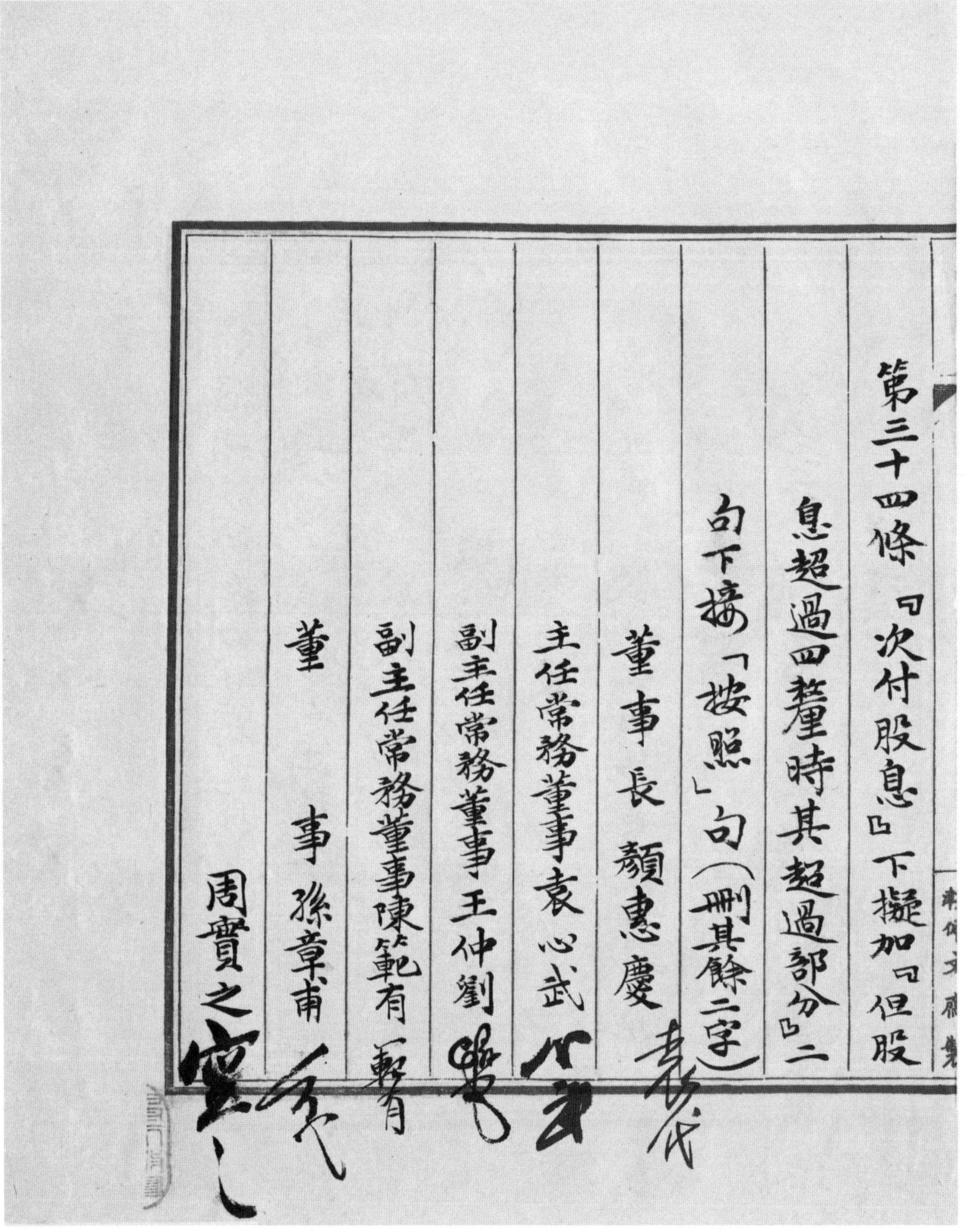
第三十四條「次付股息」下擬加「但股
息超過四釐時其超過部分」二
句下接「按照」句（刪其餘二字）
董事長 顏惠慶 袁代
主任常務董事袁心武
副主任常務董事王仲劉
副主任常務董事陳範有
董 事 孫章甫
周寶之

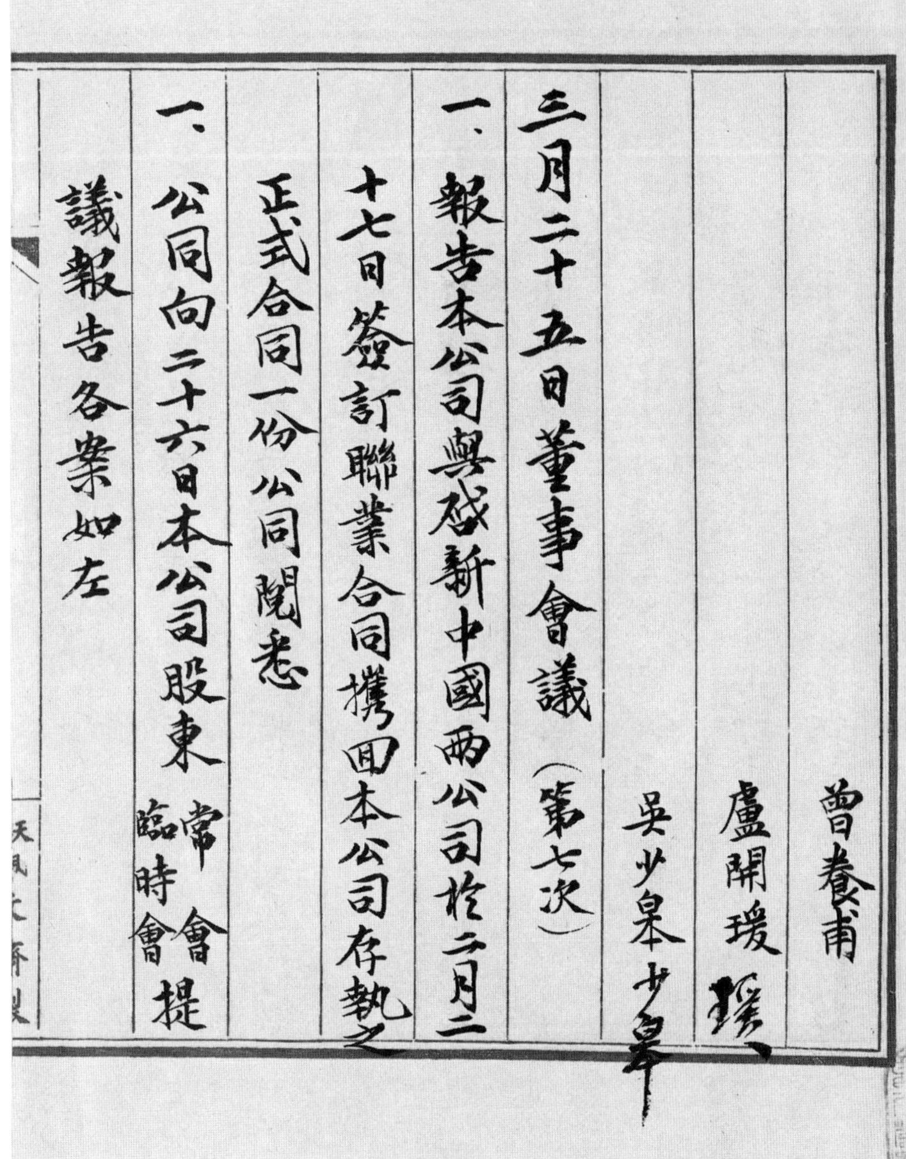

曾養甫

盧開瑗 瑗

吳少皋 少皋

三月二十五日董事會議（第七次）

一、報告本公司與啓新中國兩公司於二月二十七日簽訂聯業合同攜回本公司存執之正式合同一份公同閱悉

一、公同向二十六日本公司股東常會臨時會提議報告各案如左

天風文齋製

(1) 報告本公司第一屆帳畧

(2) 報告本公司購機建廠進行情形

(3) 報告本公司與啟新中國兩公司簽訂聯業合同事

(4) 提議增加本公司股額共為四百萬元事

(5) 提議修改本公司章程事

(6) 報告依法推選立信會計師為本公司增資檢查人請股東追認事

(7) 提議照章選舉董事監察人事以

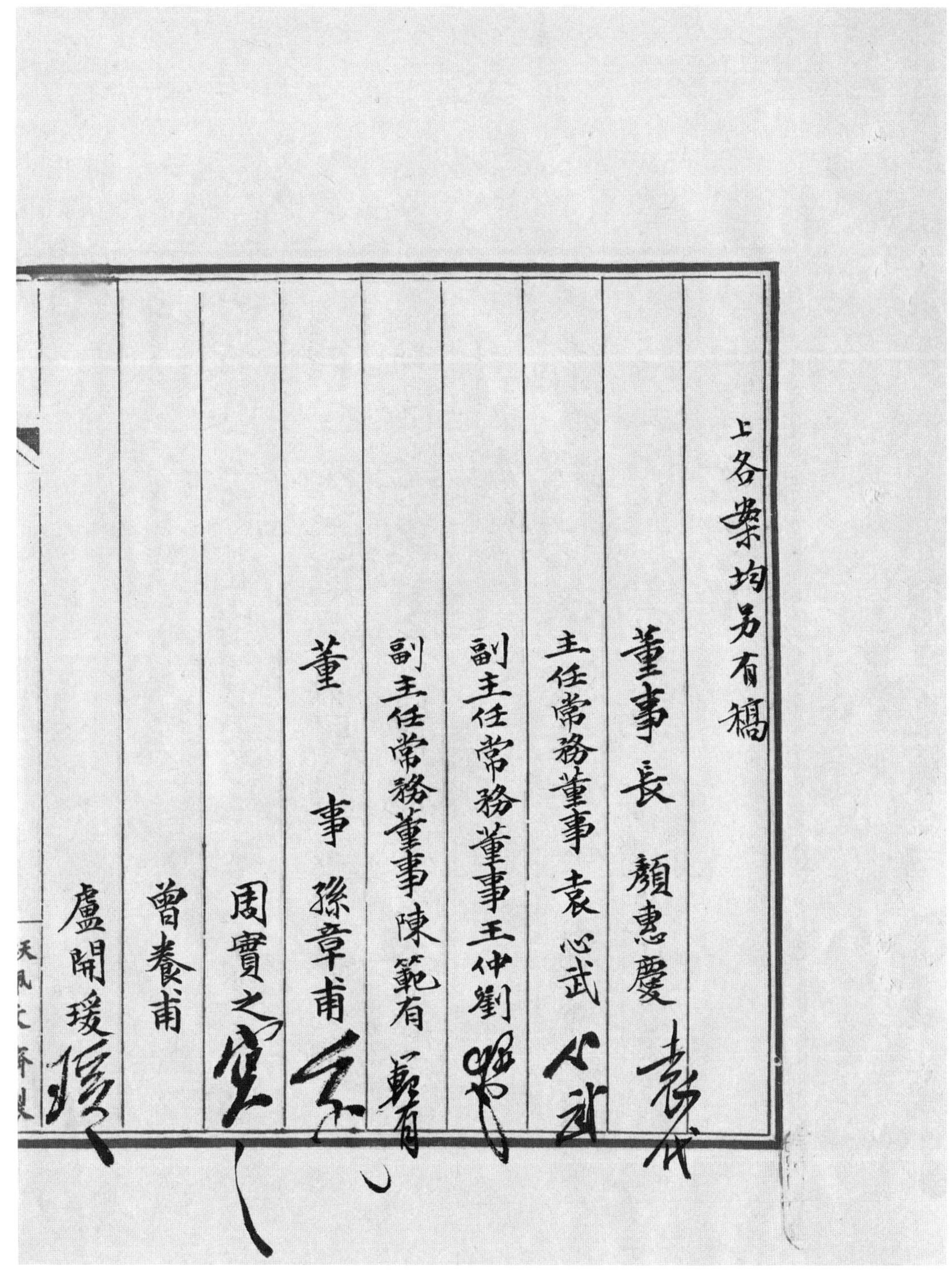
上各槃均另有稿
董事長　顏惠慶　袁代
主任常務董事　袁心武　心武
副主任常務董事王仲劉
副主任常務董事陳範有　範有
董　事　孫章甫
周實之
曾養甫
盧開瑗

吳少皋 少皋

三月二十八日董事會議（第八次）

一、袁周王陳盧諸董事依二十六日股東臨時會全體股東決議連選連任案與是日增選董事王少溥先生李企韓先生同時就職

二、常務董事會報告仍推 袁心武先生為主任常務董事 王仲劉 陳範有 先生為副主任常務董事

三、遵照二十六日股東會議決增資案，公議委託上海立信會計師事務所主任會計師潘序倫君代辦註冊手續，備具委託書由全體董事監察人簽名蓋章

董事長　顏惠慶　袁代

主任常務董事　袁心武　心武

副主任常務董事　王仲劉　仲劉

副主任常務董事　陳範有　範有

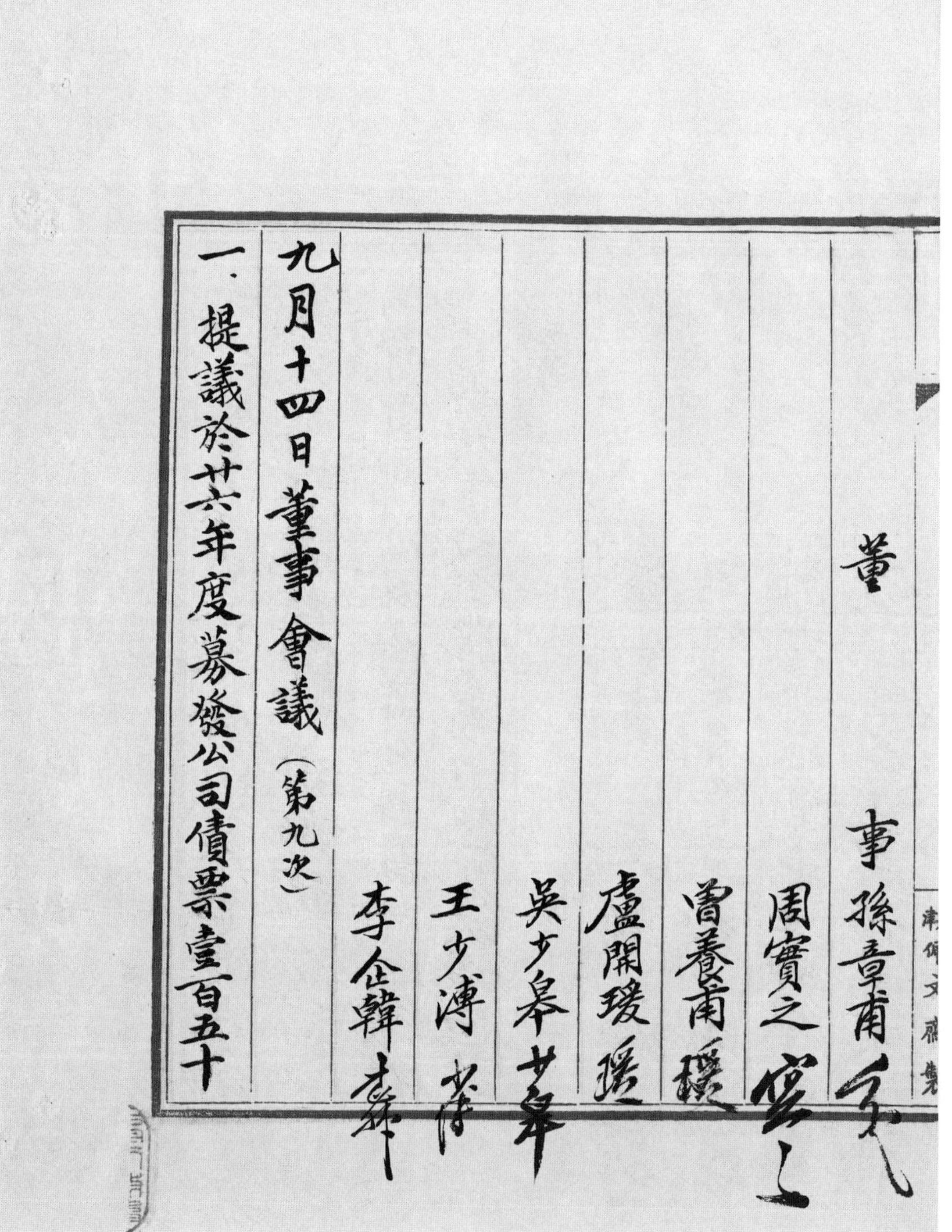

董事　孫章甫

周實之

曾養甫

盧開瑗

吳少皋

王少溥

李企韓

九月十四日董事會議（第九次）

一、提議於廿六年度募發公司債票壹百五十

萬元請公決事公議如擬辦理 有議案

一、報告印製股票並股票上董事簽名請推定事 公推顏董事長袁王陳三常董及孫董事簽名股票 有議案

一、報告廠中安裝建築工程進行情形請公鑒事 有議案 公同閱悉

一、報告訂購工廠通江岸之掛線路懸車等件簽訂合同事公議如擬辦理 有議案

董事長 顏惠慶 [illegible]代

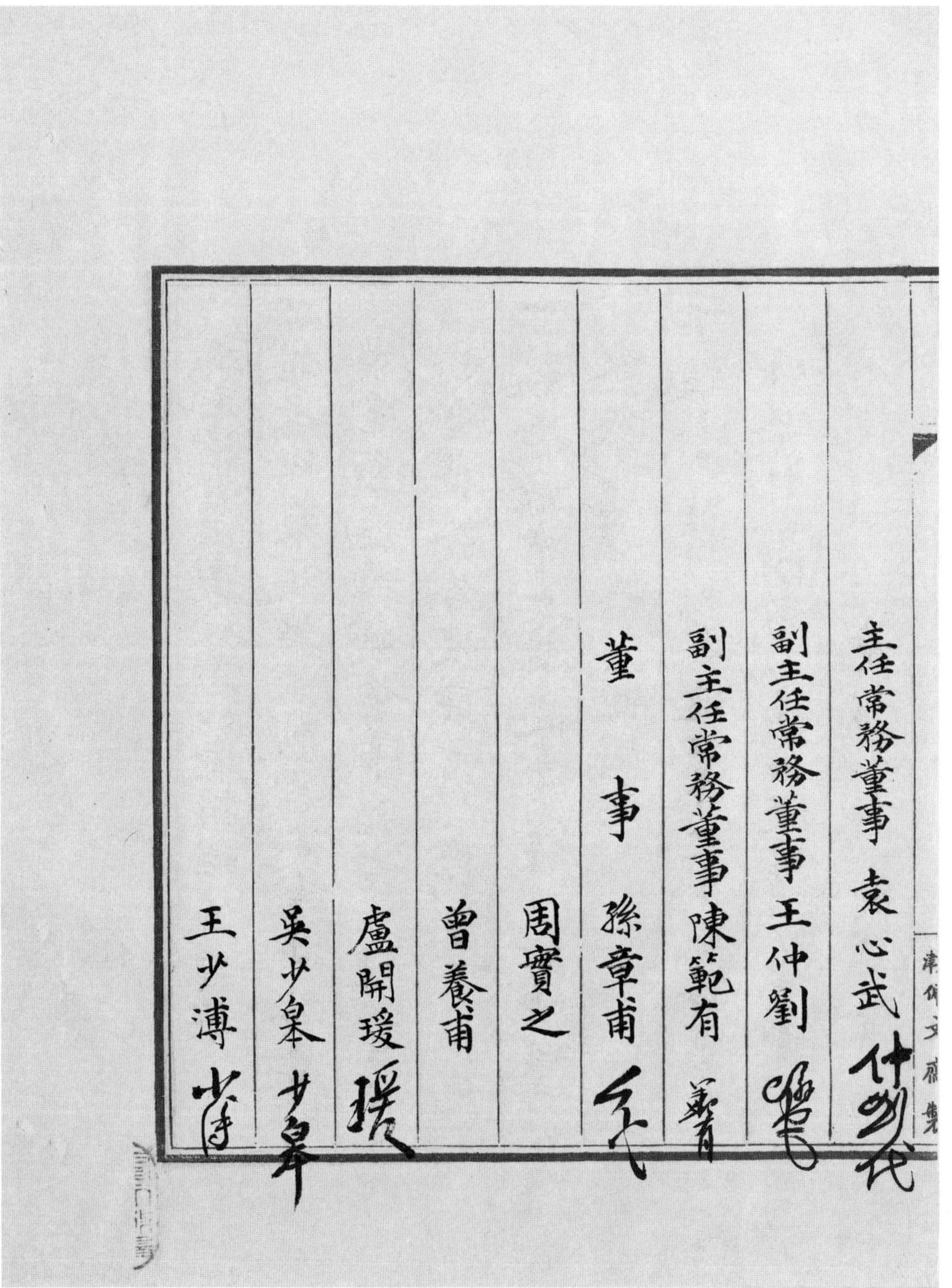

主任常務董事 袁心武 仲武代
副主任常務董事 王仲劉 [illegible]
副主任常務董事 陳範有 範有
董　事 孫章甫 [illegible]
周寶之
曾養甫
盧開瑗 瑗
吴少皋 少皋
王少溥 少溥

李企韓[illegible]

二十六年四月八日董事會議（第十次）

一、提議將去年議決本年度發行之公司債票壹百伍拾萬圓增加三十萬元使總額為壹百捌拾萬圓委託新華銀行代辦請

公決事

議決公司債票應由壹百伍拾萬元增加至壹百捌拾萬元並授權袁陳二常董簽訂正式合同 有議案

一、提議定期召集股東臨時會事
議決四月二十二日下午三鐘召集股東臨時會 有議案
一、報告最近六個月工廠建築工程安裝機器進行情形請 公鑒事
議決對於報告表示滿意仍希望提早完工出貨 有報告案

董事長 顏惠慶 惠
主任常務董事 袁心武 心武

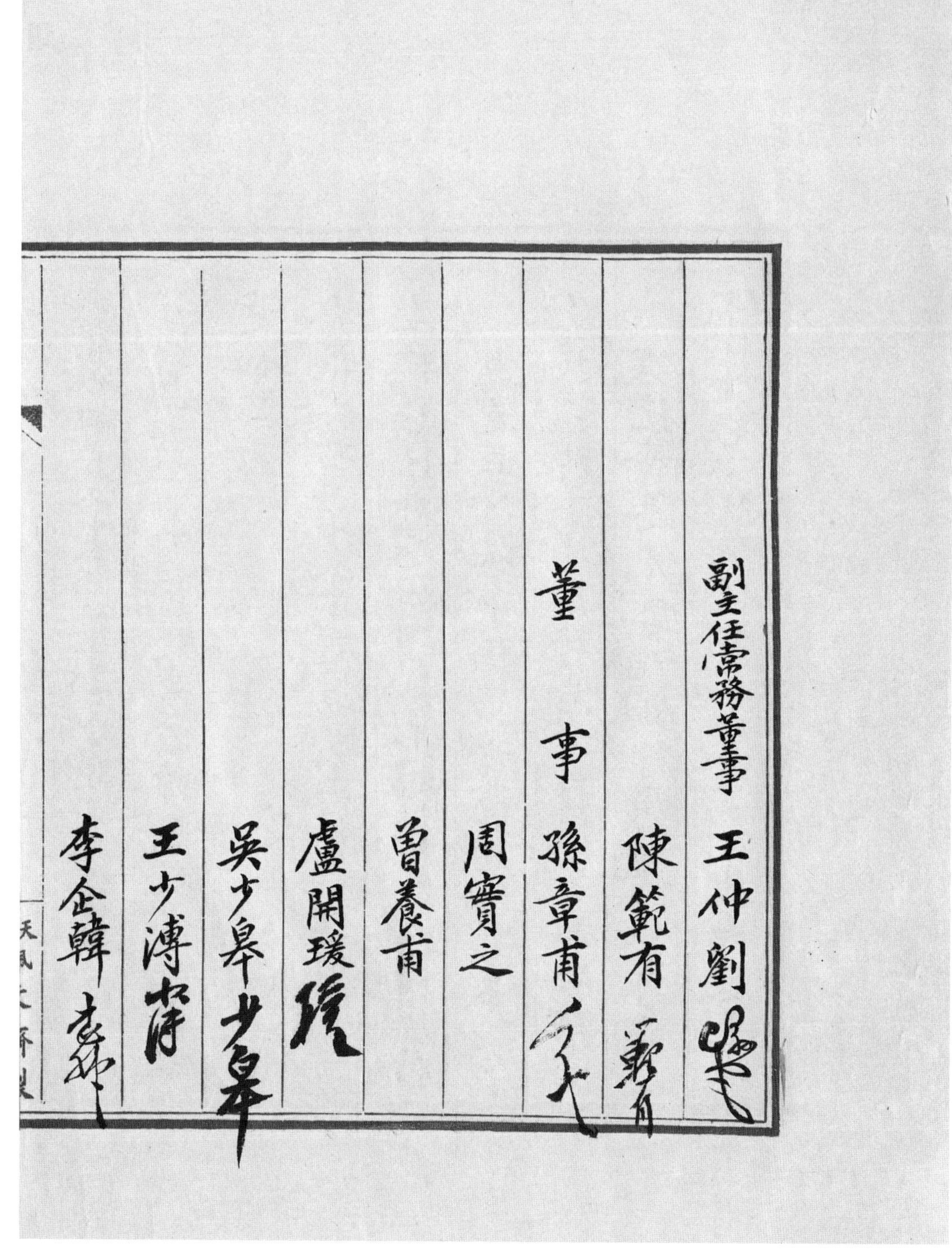

副主任常務董事　王仲劉（簽名）

陳範有（簽名）

董　事　孫章甫（簽名）

周寶之

曾養甫

盧開瑗（簽名）

吴少皋（簽名）

王少溥（簽名）

李企韓（簽名）

二十六年四月二十一日董事會議（第十一次）

一、公司向二十二日本公司股東臨時會提議報告各案如左

(1)報告工廠年來建築安裝工程進行情形

(2)提議增加本公司資本總額為肆佰伍拾萬元並修改章程第六條請公決事

(3)提議於本年度發行公司債票面總額壹佰捌拾萬元委託銀行辦理請公決事

(4)提議修改章程第三十二條會計年度擬改

自七月一日起翌年六月底止請公決事以上各

案均另有稿

董事長顏惠慶 惠慶

主任常務董事袁心武 心武

副主任常務董事王仲劉 [illegible]

陳範有 範有

董　事孫章甫

周寶之

曾養甫

盧開瑗 瑗

吳少皋 少皋

王少濤 少濤

李企韓

二十六年五月二十八日董事會議（第十二次）

一、討論（一）公司辦事規則（二）工廠工友管理規則（三）工廠工友管理規則施行細則（四）工廠工友管理規則施行細則附表以上各件均有草案議決本日討論之各規則及細則并附表均予通

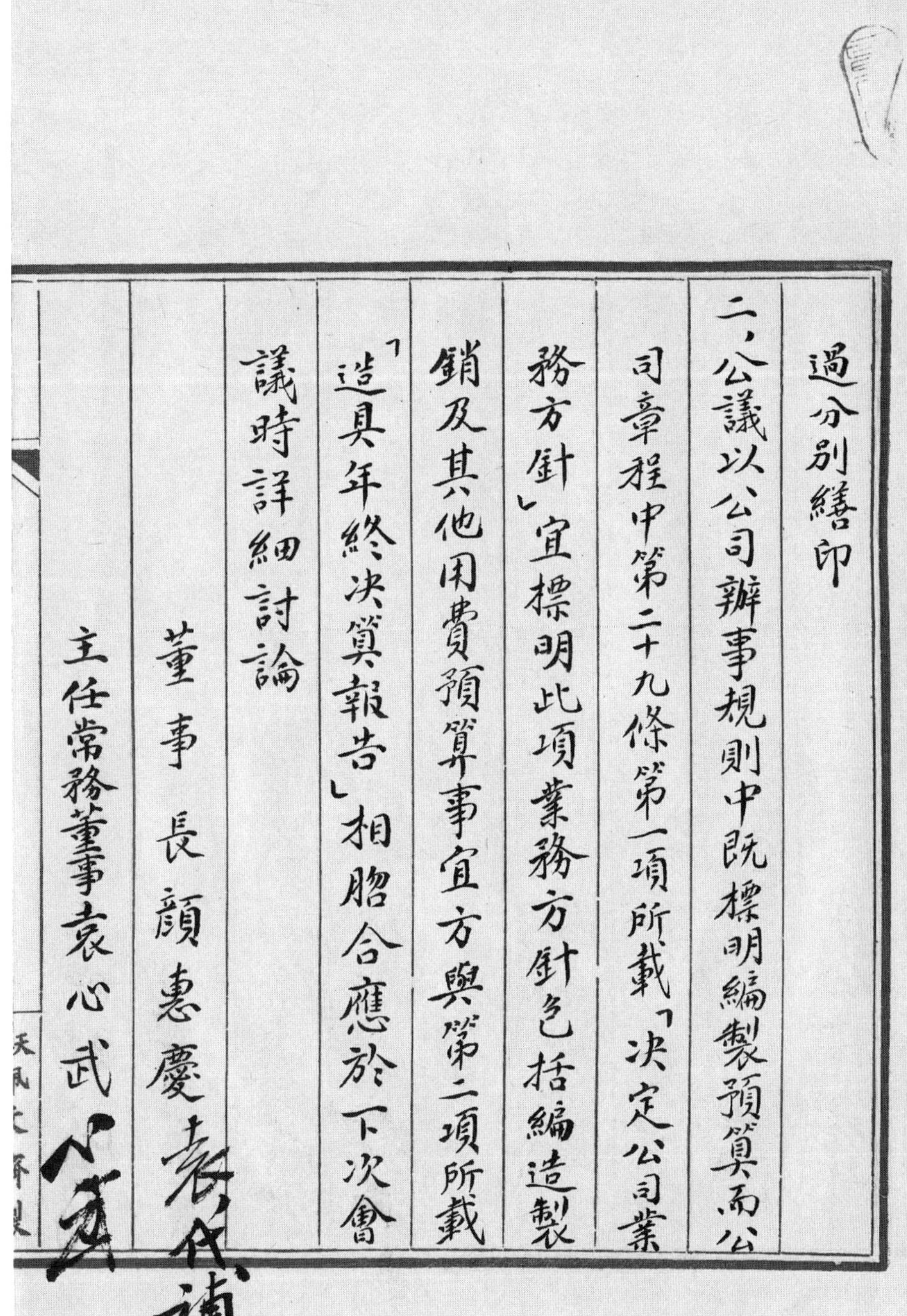

過分別繕印

二、公議以公司辦事規則中既標明編製預算而公司章程中第二十九條第一項所載「决定公司業務方針」宜標明此項業務方針包括編造製銷及其他用費預算事宜方與第二項所載「造具年終决算報告」相脗合應於下次會議時詳細討論

董事長顔惠慶 袁代補簽

主任常務董事袁心武 心武

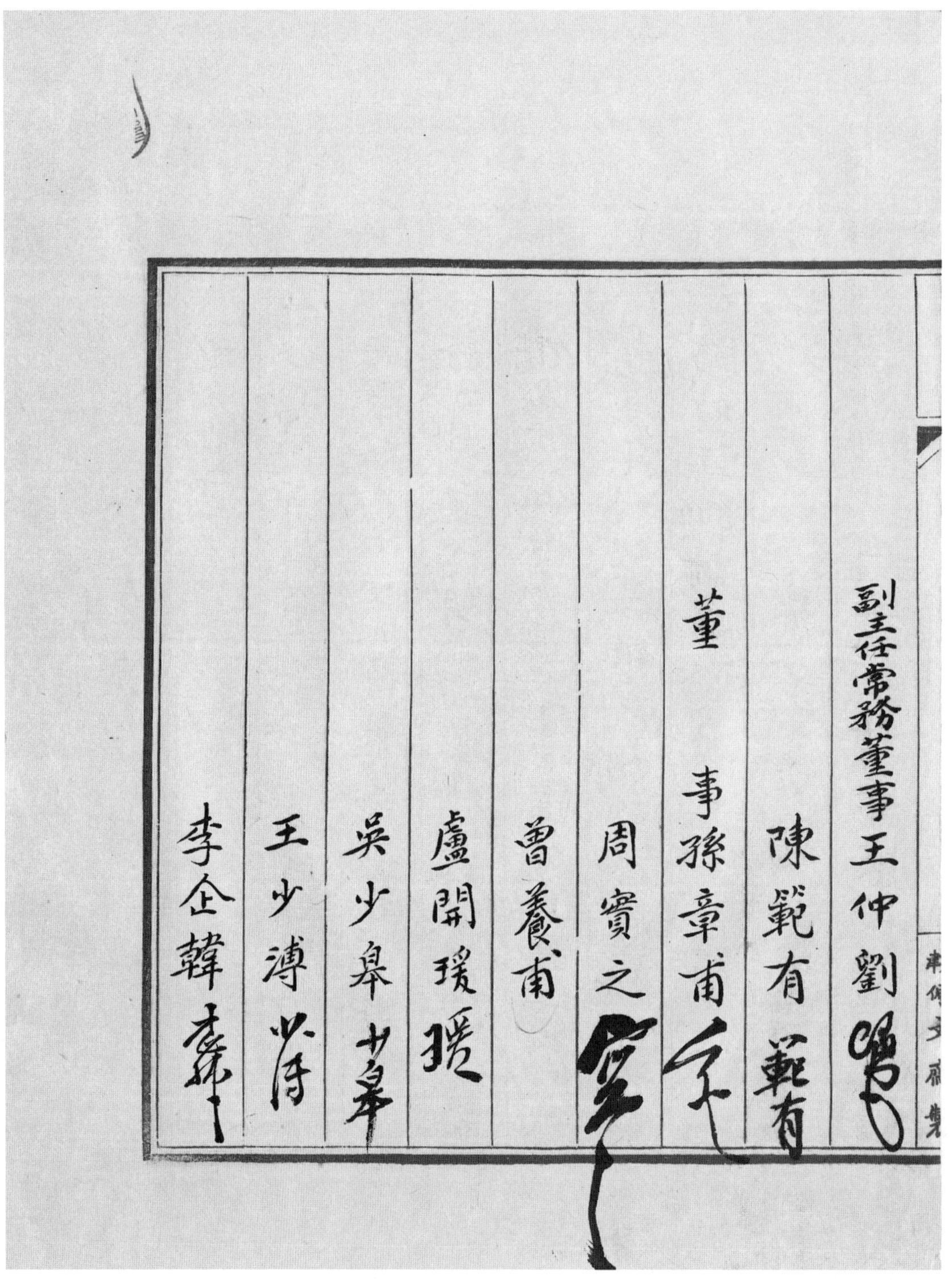

副主任常務董事王仲劉 仲

陳範有 範有

董　事孫章甫 章

周寶之 寶

曾養甫

盧開瑗 瑗

吳少皋 少皋

王少溥 少溥

李企韓 企韓

二十六年八月十三日董事會議（第十三次）

一、議決將公司籌備處截至本月十五日結束提出國幣弍萬壹仟元分配酬送各籌備委員

二、議決將駐京籌備處及工廠建廠安裝工程等處在月内結束其常董會以及總店工廠辦事人選及待遇應即照章組織成立以專責成事 附表粘存議案

三、討論在必要時添設分廠量爲應付再提請股東會追認辦理事議決照辦有議案

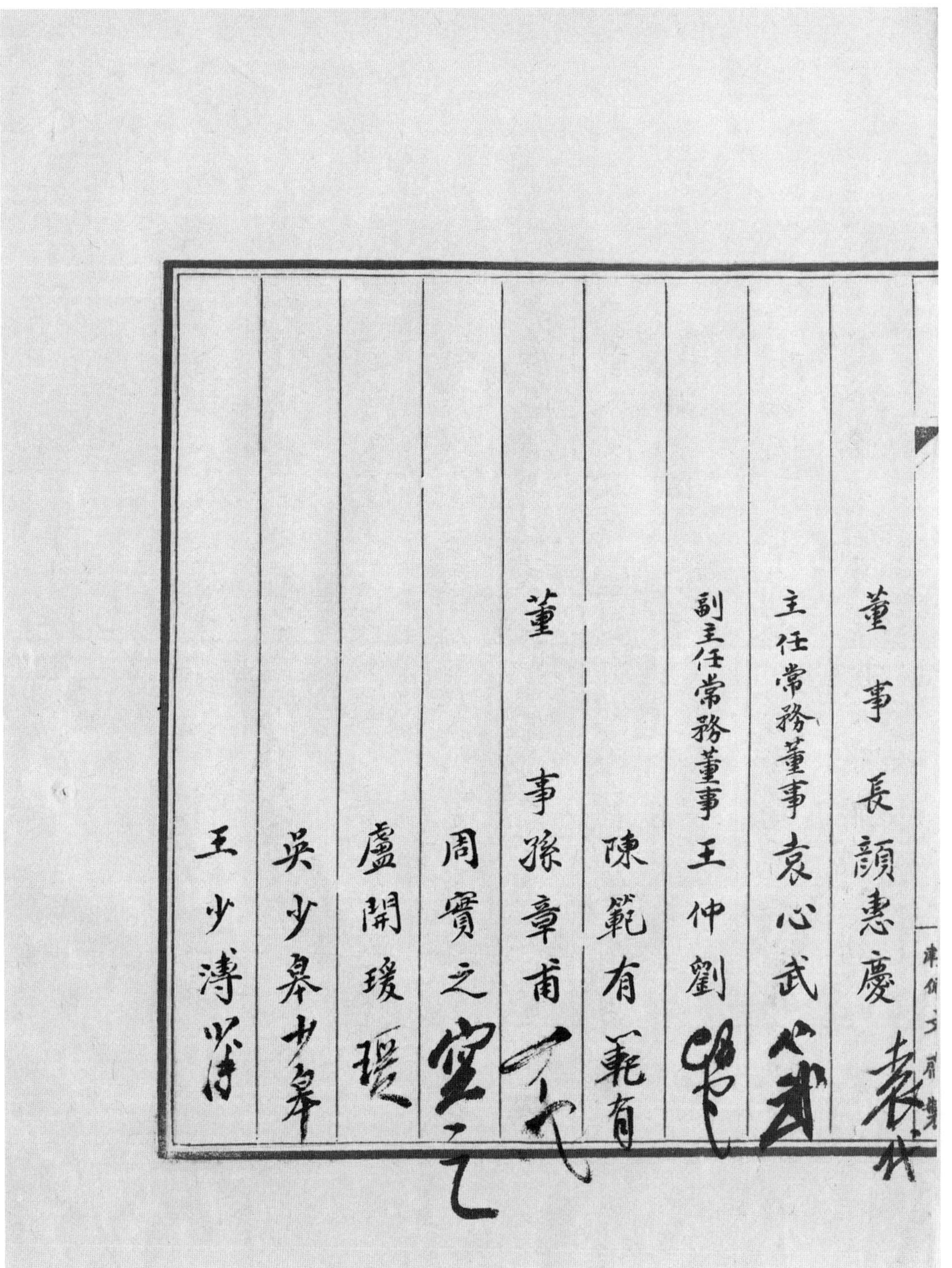

董事長顏惠慶 袁代

主任常務董事袁心武 心武

副主任常務董事王仲劉 仲劉

陳範有 範有

董事孫章甫 孫代

周實之 實之

盧開瑗 瑗

吳少皋 少皋

王少濤 少濤

李企韓

二十八年一月六日董事會議（第十四次）

一、報告棲霞工廠及總店職員業酌行遣散並留少數人員辦理經手未完事項請　公鑒事有報告案

一、討論三井洋行於二十七年三月十一日來函提出日華文協定書草案五條請　核議事有議案

董事長顔惠慶

主任常務董事袁心武 心武

副主任常務董事王仲劉 仲

陳範有 範有

董　事孫章甫 章甫

董　事周實之 實之

盧開瑗 開瑗

吳少泉 少泉

王少溥 少溥

李企韓 企韓

二十八年四月十四日董事會議（第十五次）

討論本年五月一日即屆債票第一次抽籤還本之期現因工廠迄未出貨毫無進款擬暫緩抽籤還本仍勉籌到期支付債票息

全事 有議案

董事 長顏惠慶 袁代

主任常務董事袁心武 心武

副主任常務董事王仲劉 [signature]

陳範有

董　　事孫章甫

周實之

盧開瑗

吳少皋

王少溥

李企韓

二十八年四月二十九日董事會議（第十六次）

討論關於新華銀行提議債票換為股票事議決茲事大體上接受商議由常董

逕與折衝再行報告本會核辦

董事長顏惠慶 袁代

主任常務董事袁心武 心武

副主任常務董事王仲劉 仲劉

陳範有 範有

董事孫章甫 章甫

周實之 實之

盧開瑗 瑗

吳少皋 少皋

王少溥 少溥

李企韓 韓

二十八年五月二十日董事會議(第十七次)

一、報告關於接受新華銀行提議以債票作為股票商議進行事迭經與新華負責當局協商辦理程序及應換股額比率擬有草合同提出討論議決如擬辦理徵求新華同意後即行簽訂

二、訂於本年六月三十日下午四時召開股東臨

時會分函通知各股東

董事長顏惠慶　袁代

主任常務董事袁心武　心武

副主任常務董事王仲劉　[signature]

董陳範有　範有

事孫章甫　章甫

周實之　實之

盧開瑗　瑗

吳少皋　少皋

王少溥 少溥

李企韓 企韓

二十八年六月二十四日董事會會議（第十八次）

一、審核本屆股東會會議程序及報告稿

二、本公司債票持票人會公推代表持議案前來商洽比經復以該會請求照章抽籤還本決難辦到至請求以債票投資作為入股照江南舊股東一律待遇一節本會可以接受須俟股東會通過方能辦理

所有債票自本年六月一日起以後之息金

自應停付

董　事　長顏　惠慶

主任常務董事袁　心武

副主任常務董事王　仲劉

陳　範有

董　事孫　章甫

周　實之

盧　開瑗

吳少皋 少皋

王少溥 少溥

李企韓 企韓

二十八年六月二十八日董事會議（第十九次）

一、審核本屆股東臨時會議案各件如左

（一）提議增加股本弍百七十萬元用以收回債票事有議案

（二）提議修改章程第六條「股本總額為七百二十萬元」第二十二條「常務董事四人」

事有議案

(三)提議預計將來開工之時再增募股本八十萬元本公司股本總額共為捌百萬元

事有議案

董事長顏惠慶 袁代

主任常務董事袁心武 心武

副主任常務董事王仲劉 劉

陳範有 範有

董事孫章甫 章甫

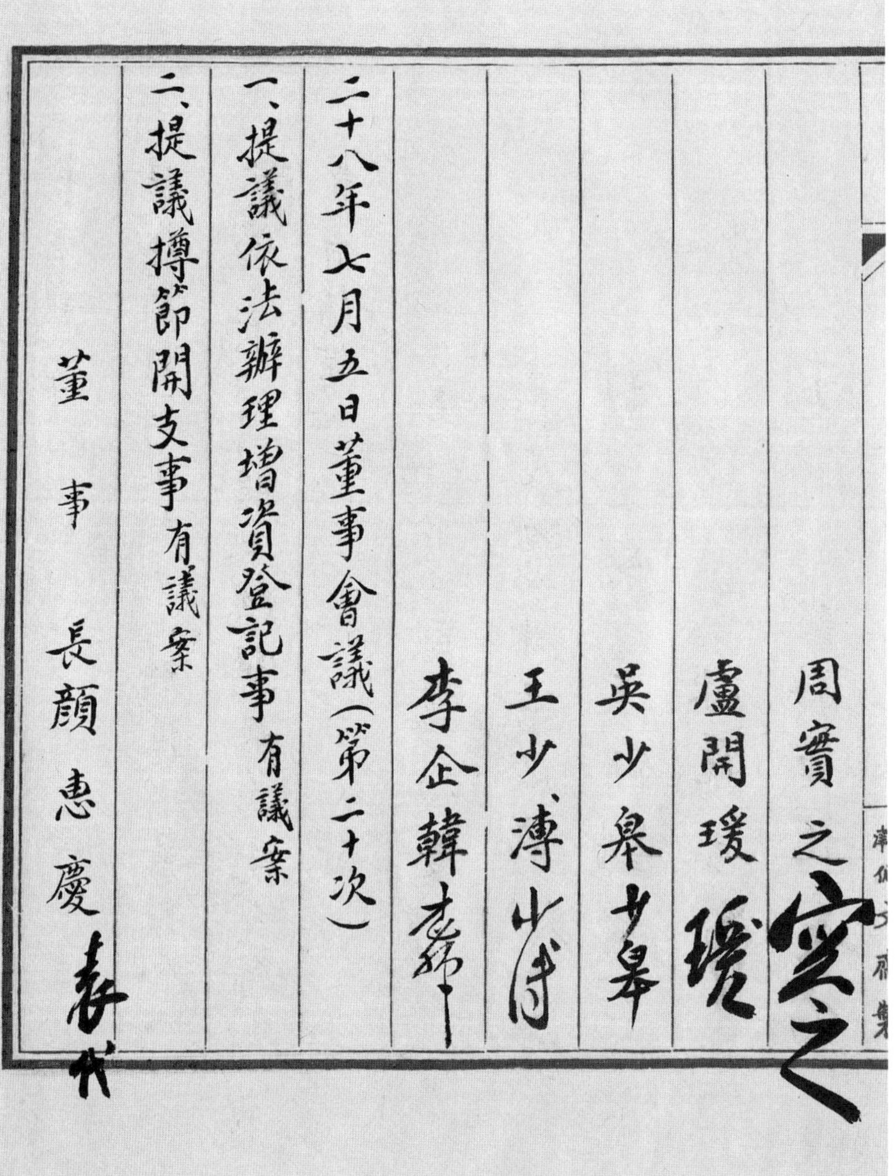

周寶之 寶之
盧開瑗 瑗
吴少皋 少皋
王少溥 少溥
李企韓 李企韓

二十八年七月五日董事會議（第二十次）
一、提議依法辦理增資登記事有議案
二、提議撙節開支事有議案

董事長顏惠慶 春代

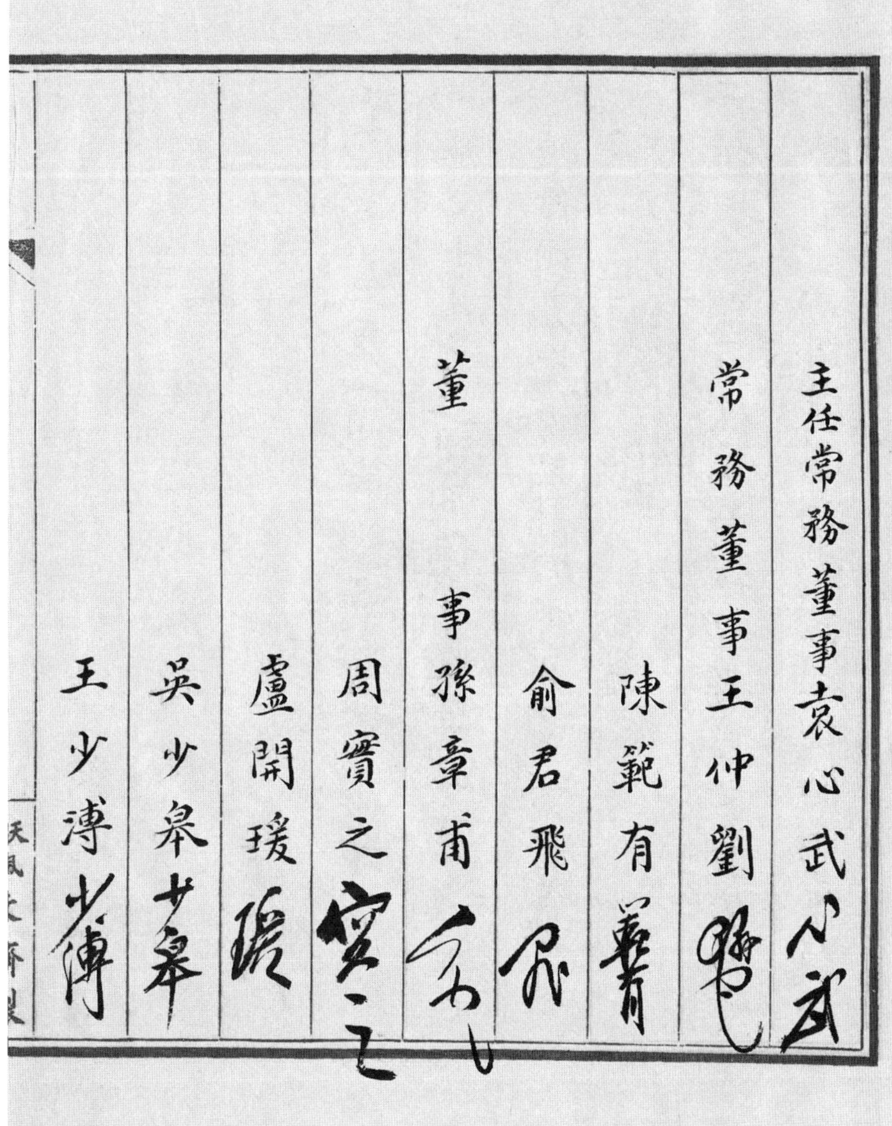

主任常務董事袁心武 心武

常務董事王仲劉

陳範有

俞君飛

董　事孫章甫

周實之 實之

盧開瑗 瑗

吳少皋 少皋

王少溥 少溥

李企韓

監察人陳鳴一

包培之

二十八年十二月一日董監事會議（第二十一次）

一、補發十月二十三日報告事變前總店及工廠之帳冊圖表文件及說明書共裝七箱展轉運存辰谿被焚燬事有議案

二、報告小野田株式會社常務董事朝枝君等於二十三日到津接洽談話經過情形案議決

明春如時局日漸穩定應派員入手調查實際情形以備籌劃進行開廠事宜 有議案

董事長顏惠慶

主任常務董事袁心武

常務董事王仲劉

陳範有

俞君飛

董事孫章甫

周實之

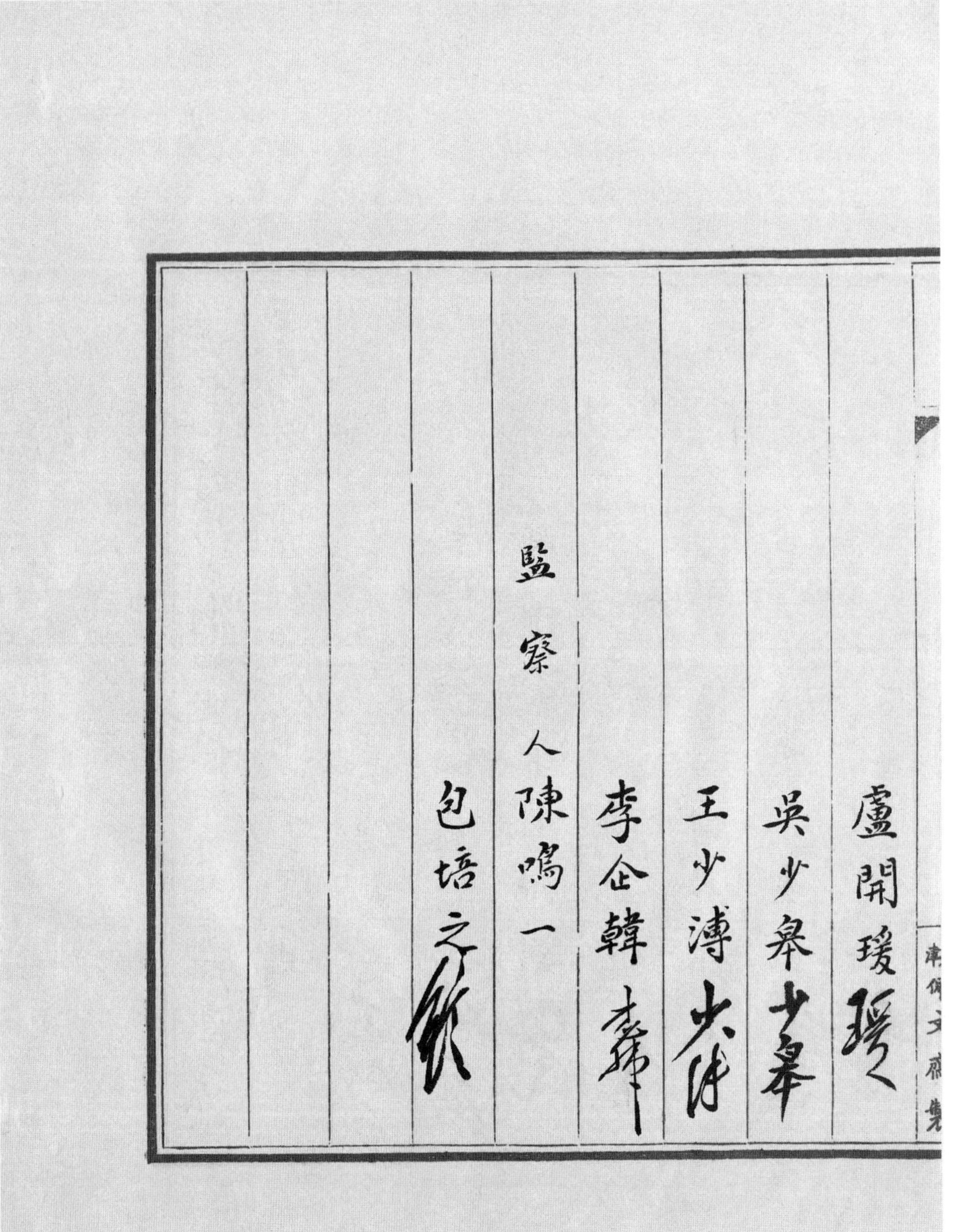

盧開瑗

吳少皋

王少溥

李企韓

監察人陳鳴一

包培之

二十九年九月二十六日董監事會議（第二十二次）

報告上海日軍管工廠整理委員會與南京工商部屬之接收委員會均欲江南棲霞廠依照規定辦理申請發還手續事

公議委託　庚經理宗淮孫柏軒副理代表公司按步辦理　有議案

董事長　袁代

主任常務董事　袁心武

常務董事　王仲劉

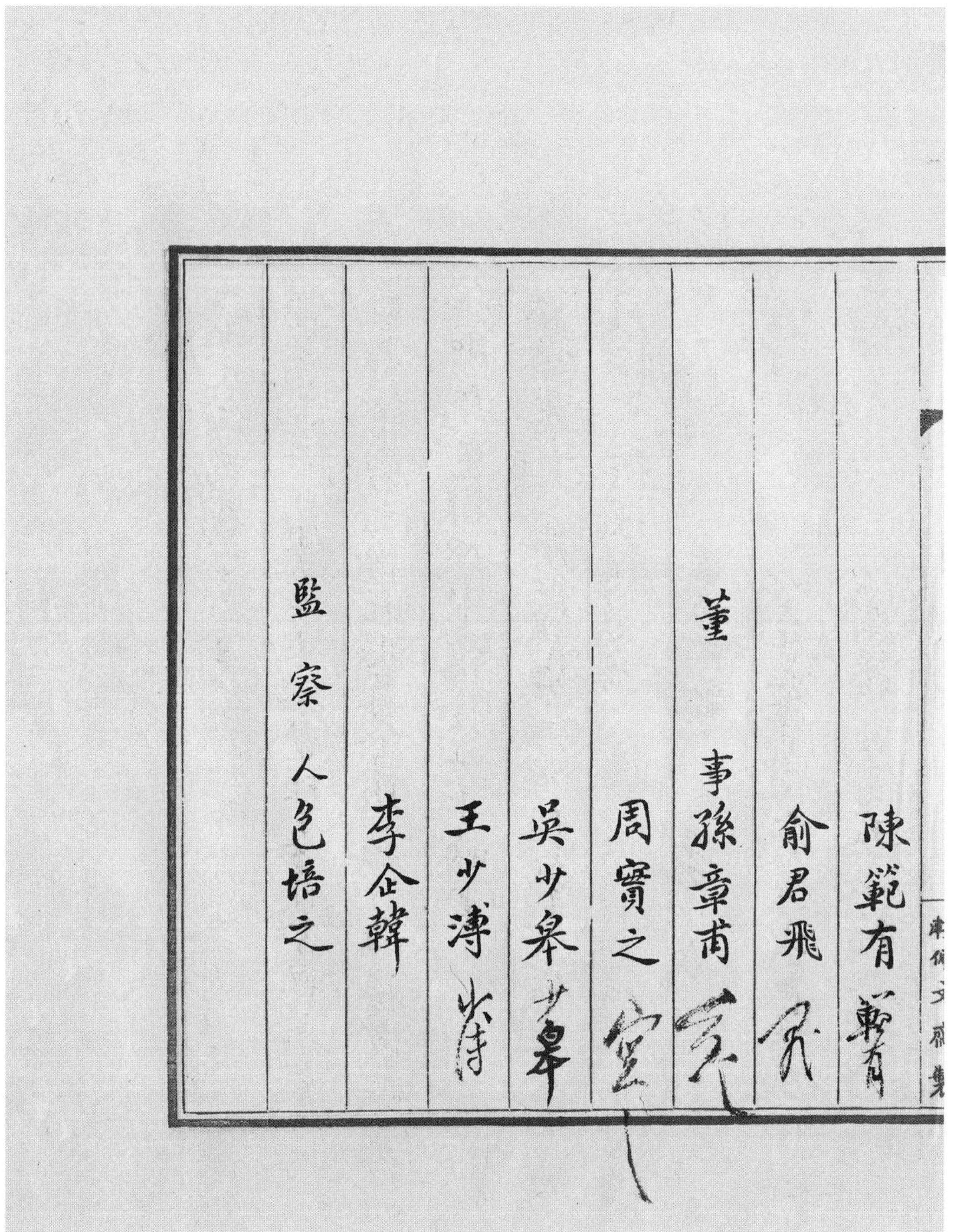

陳範有　範有

俞君飛　君飛

董事孫章甫　章甫

周寶之　寶之

吳少皋　少皋

王少溥　少溥

李企韓

監察人包培之

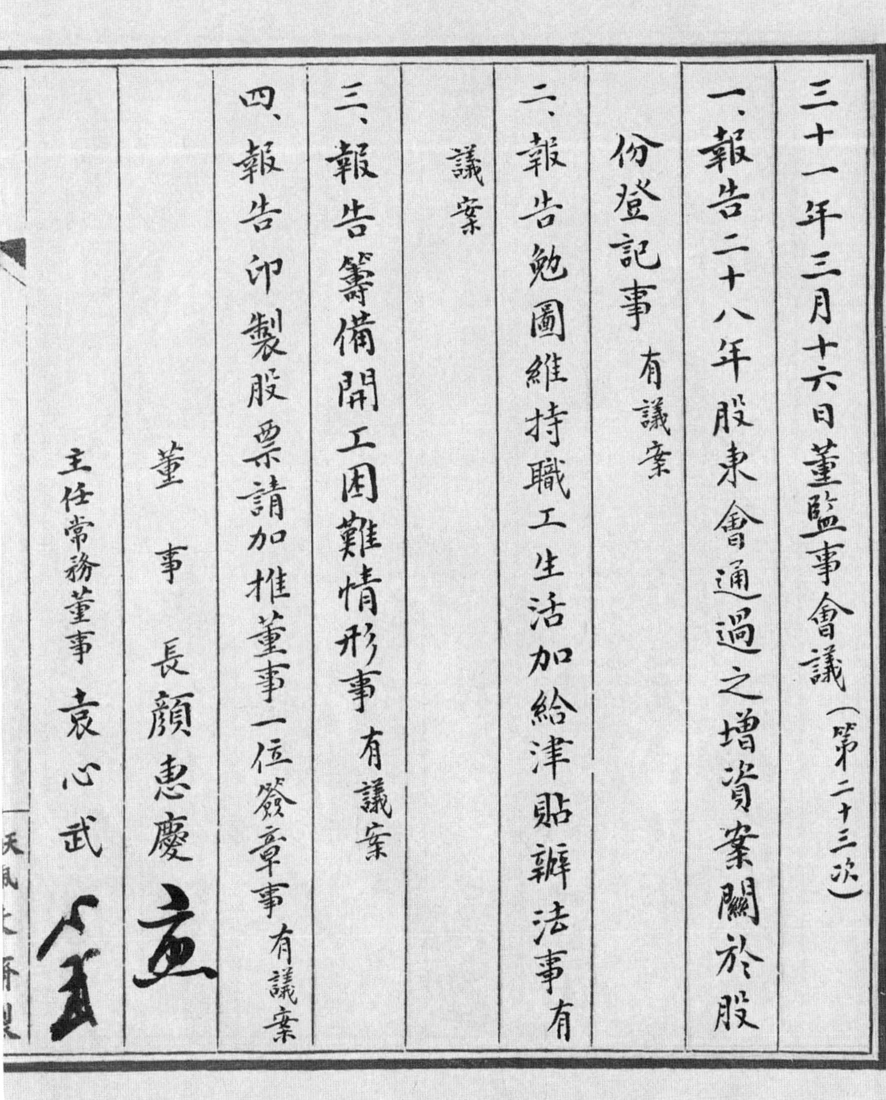

三十一年三月十六日董監事會議（第二十三次）

一、報告二十八年股東會通過之增資案關於股份登記事 有議案

二、報告勉圖維持職工生活加給津貼辦法事有議案

三、報告籌備開工困難情形事 有議案

四、報告印製股票請加推董事一位簽章事 有議案

董事長 顏惠慶

主任常務董事 袁心武

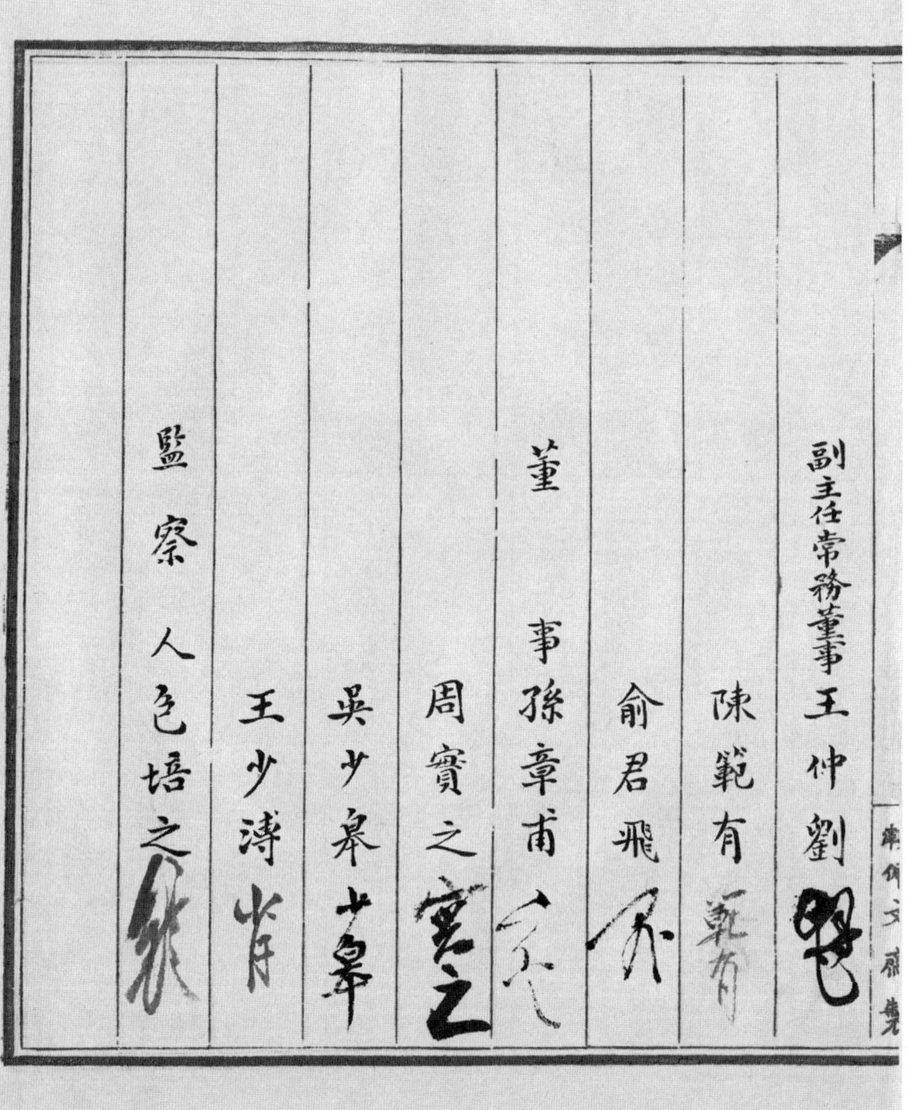

副主任常務董事王仲劉 劉
陳範有 範有
俞君飛 飛
董　事孫章甫 [illegible]
周寶之 寶之
吳少皋 少皋
王少濤 少濤
監察人邑培之 [illegible]

三十一年十一月十五日董監會議（第二十四次）

一、報告職工生活維持困難又酌增經費事 有報告案

二、報告積欠啟新之款七十餘萬元為通盤籌畫起見擬將股本總額未繳之差數國幣捌拾萬元由啟新認繳股款事

議決現啟新祇願認繳七十五萬元餘額另募之

有議案

董事長顏惠慶

主任常務董事袁心武

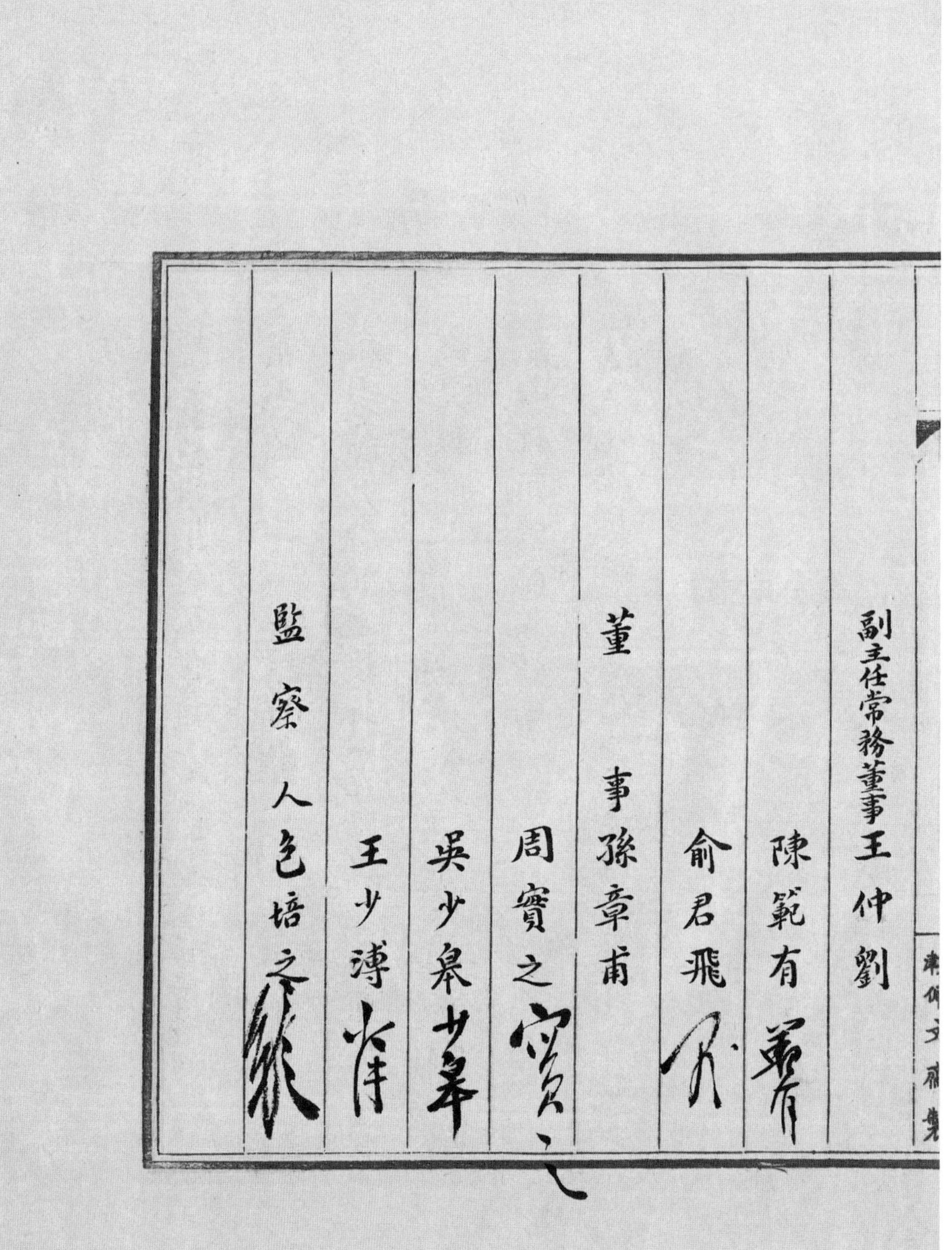
副主任常務董事王仲劉
陳範有
俞君飛
董　事孫章甫
周寶之
吳少皋
王少溥
監察人包培之

三十二年九月二日董監會議 第二十五次

一、提議贈卹王故常董案

公議王故常董自創辦公司任職以來蓋勤夙著宜致優卹乃現時公司尚未營業經濟拮据可俟公司開機獲有盈餘後再從優議卹此議 另有議案

二、報告李故董事企韓王故常董仲劉缺額案

議決缺額常董一席暫置不補至缺額董事

一席以原逕次多數被選人周志俊君補任之此議另有議案

三、報告日大使館商洽拆遷江廠機器案

公同閱悉有報告案　議決訂於本月十日招集股東談話會

董事長顏惠慶

主任常務董事袁心武

常務董事陳範有

副主任常務董事俞君飛

董事孫章甫

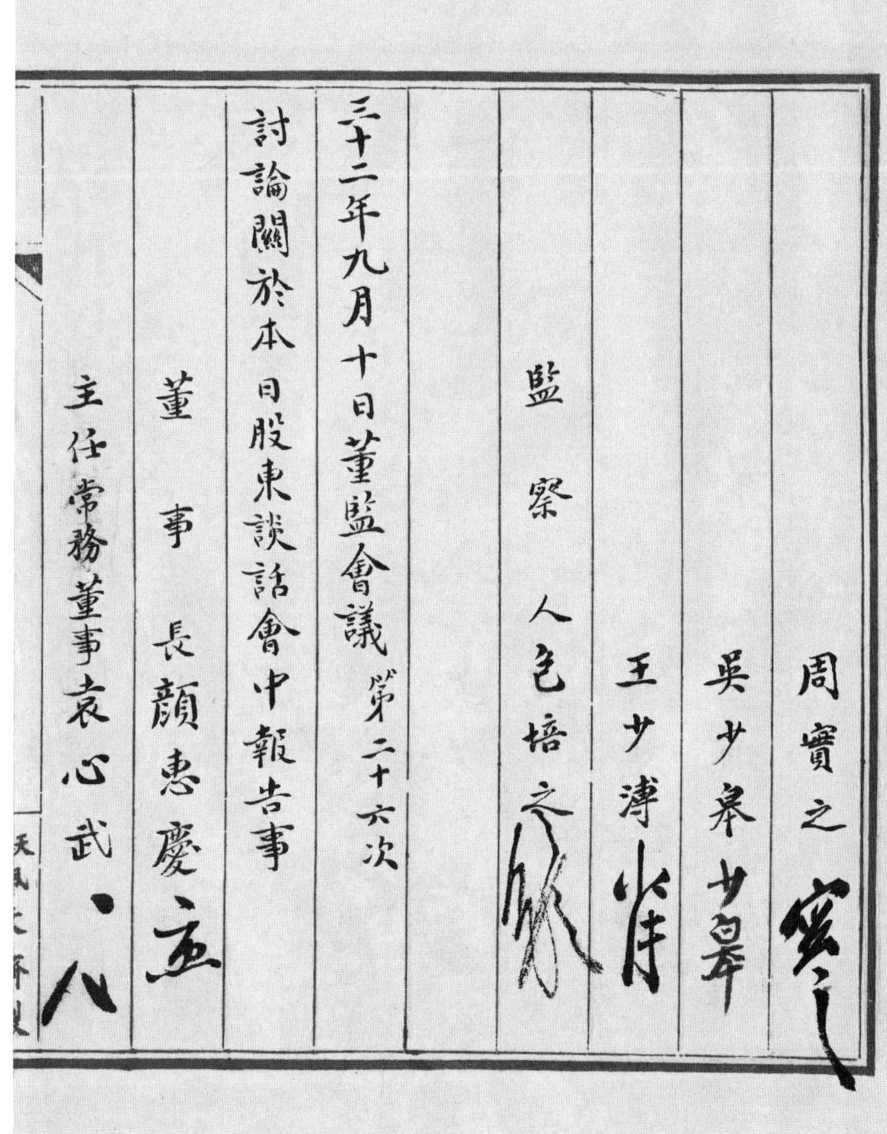
周實之

吳少皋

王少溥

監察人包培之

三十二年九月十日董監會議第二十六次

討論關於本日股東談話會中報告事

董事長顏惠慶

主任常務董事袁心武

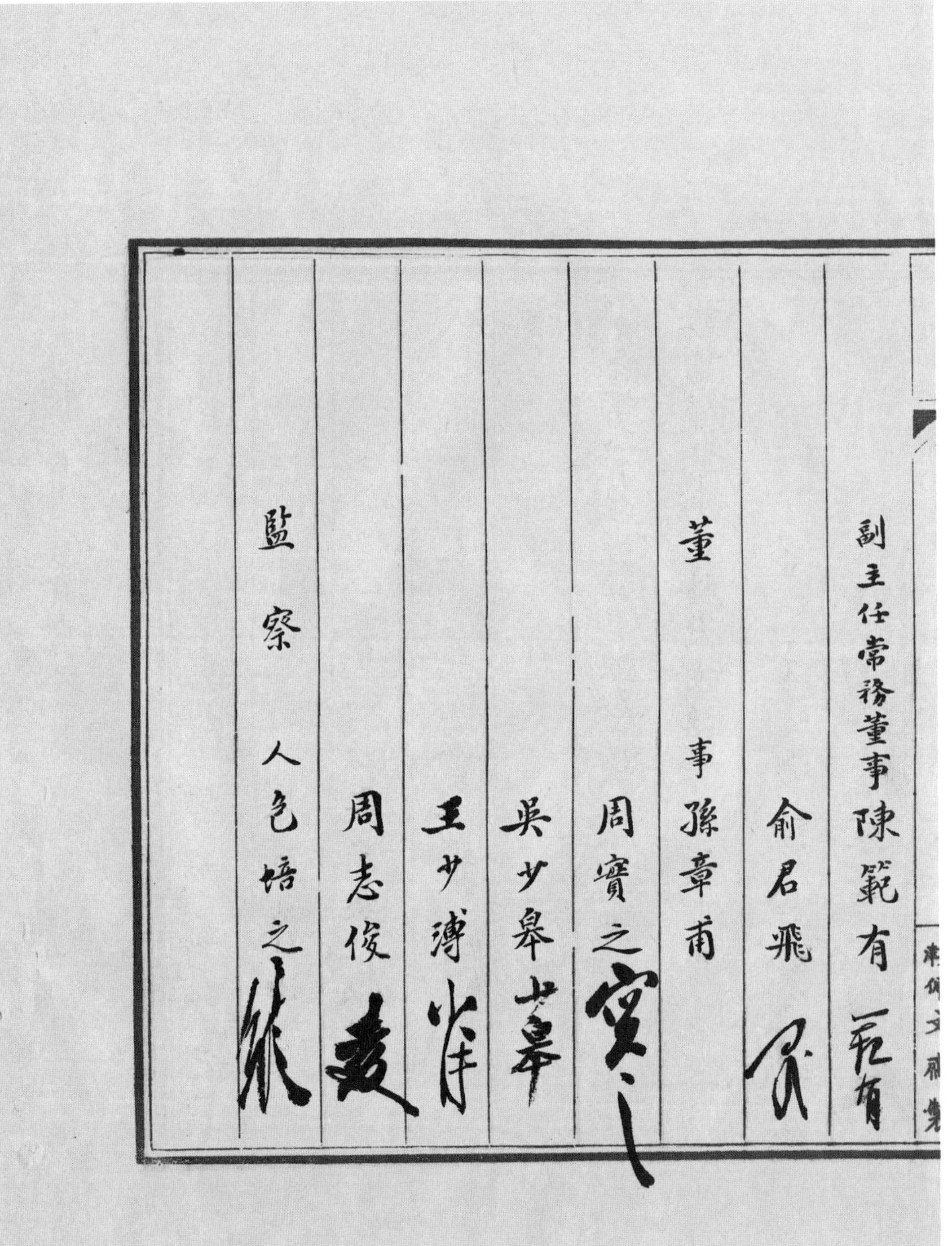

副主任常務董事陳範有

俞君飛

董　事孫章甫

周賓之

吳少皋

王少溥

周志俊

監察人包培之

三十二年九月十五日董監會議第二十七次

報告北京日大使館於本月十二日邀我公司袁常董談話經過情形

董事長顏惠慶

主任常務董事袁心武

副主任常務董事陳範有

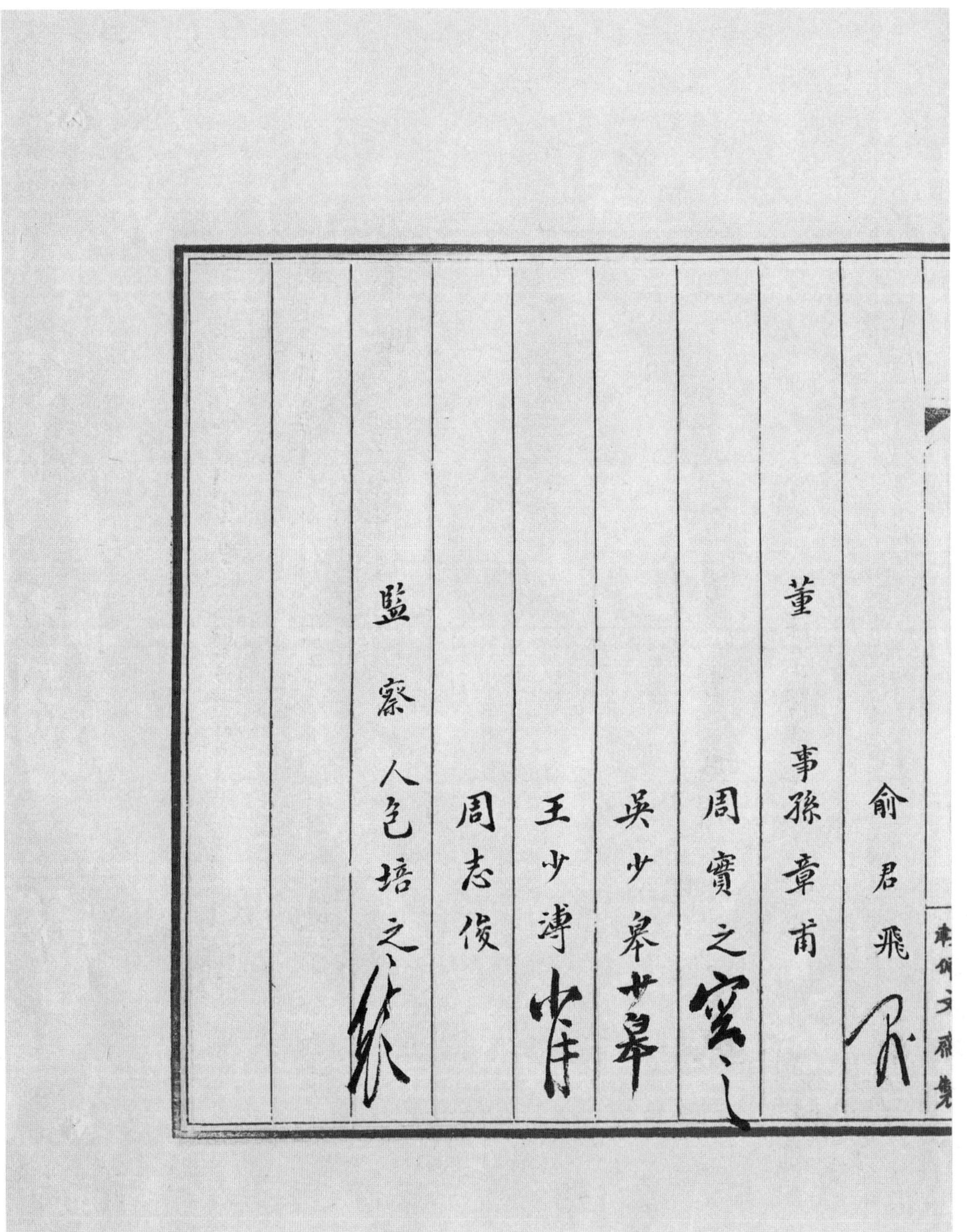

俞君飛

董事孫章甫

周實之

吳少皋

王少溥

周志俊

監察人包培之

三十二年十月十六日董監會議第二十八次

一、提議以本公司章程定董事為十一人，又會議議席通例規定應為單數，今本公司董事只十人，擬以原選次多數被選人龔仙舟先生補任董事，在此多事之秋，集中人才，尤為相宜，事議決如擬辦理

董事長 顏惠慶 慶

主任常務董事 袁心武 武

副主任常務董事 陳範有 範有

天風文件夾

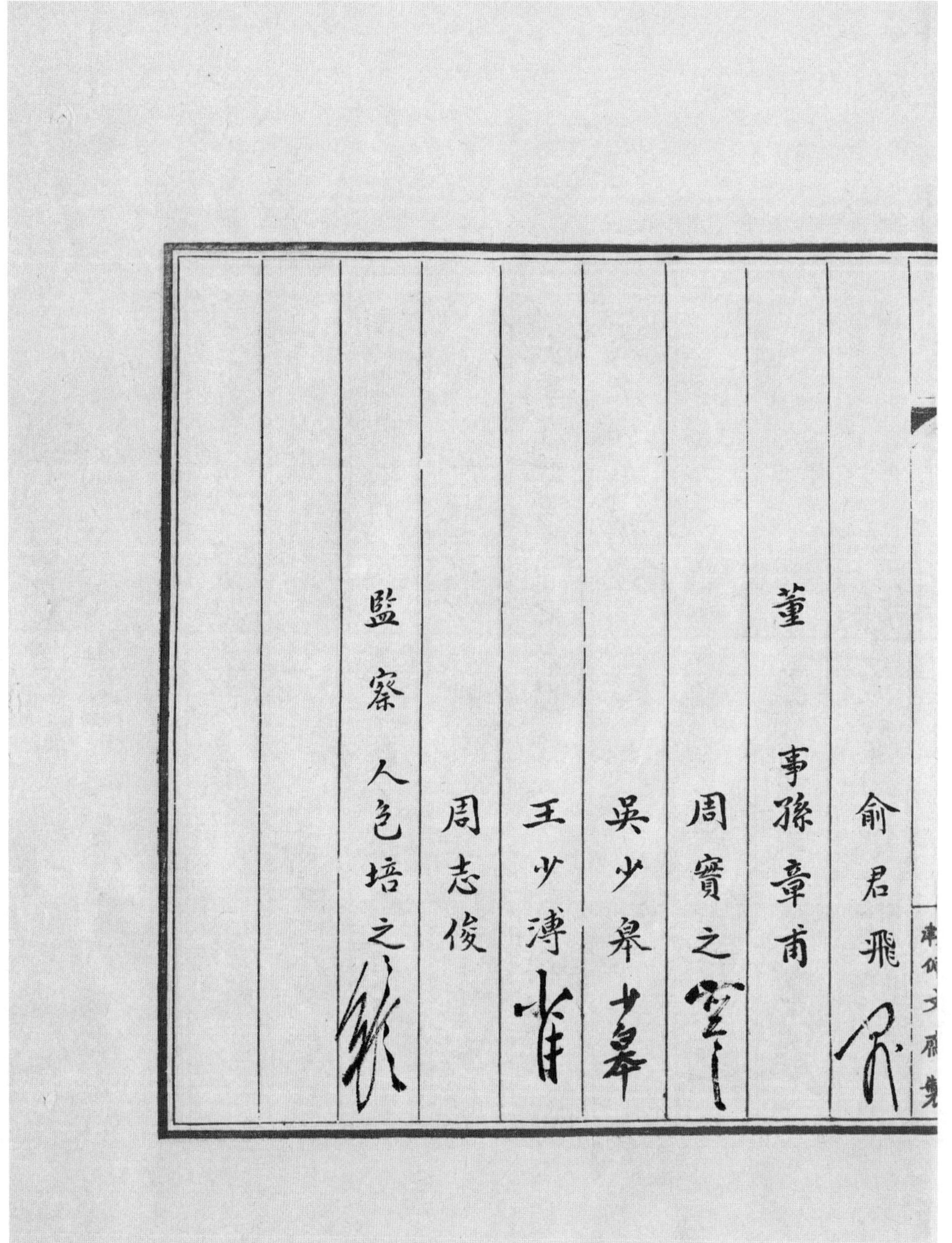

俞君飛

董事孫章甫

周寶之

吳少皋

王少溥

周志俊

監察人包培之

三十二年十月十九日董監會議第二十九次

報告庚經理十八日來巧電一件公同閱悉會

擬效電稿即拍發

董事長顔惠慶

主任常務董事袁心武

副主任常務董事陳範有

俞君飛

董事龔仙舟

孫章甫

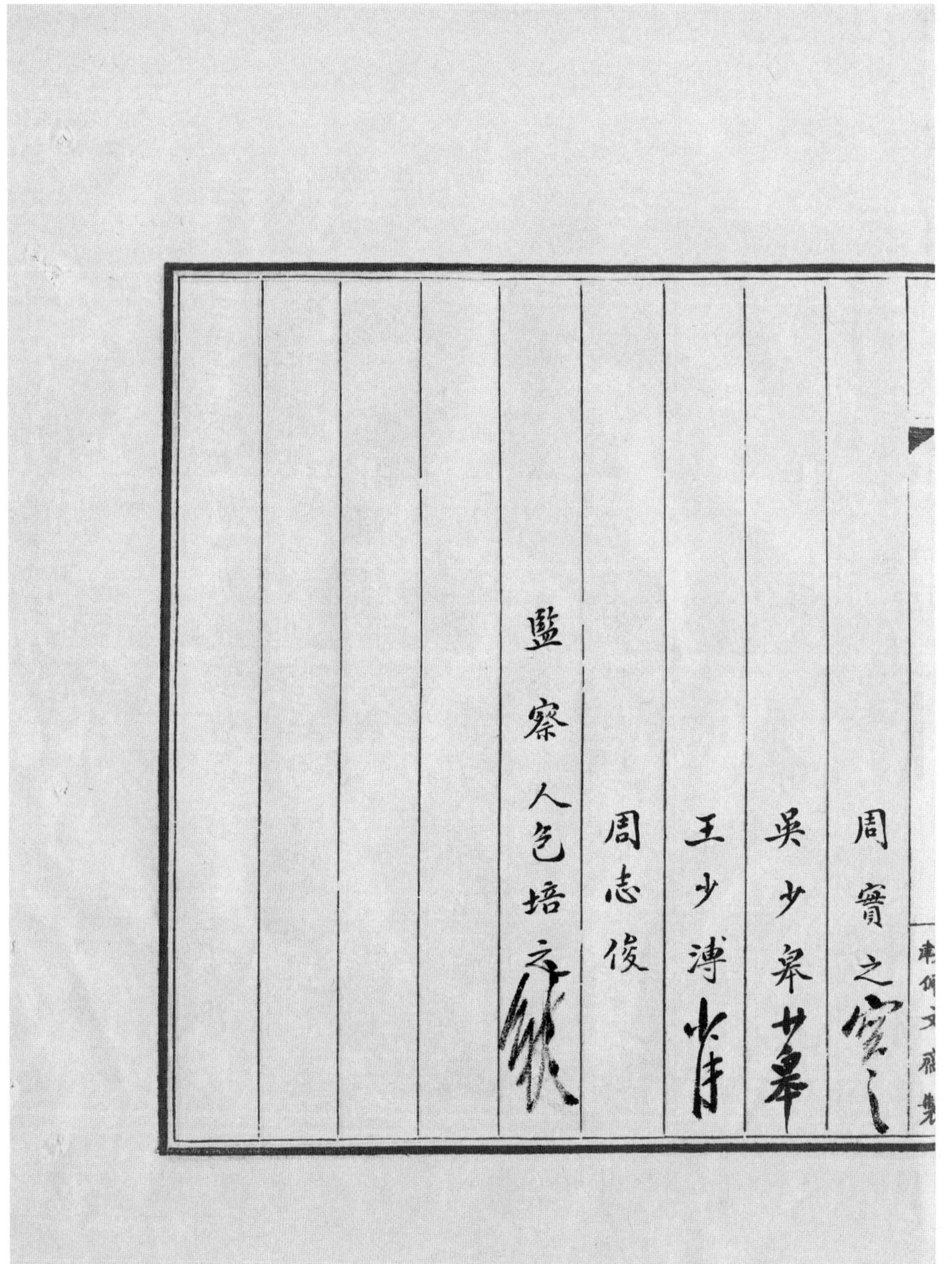
周寶之
吴少皋
王少溥
周志俊
監察人包培之

三十二年十月二十六日董監會議 第三十次

一、報告滬來巧哿電及滬寄來實業部第零零零二號通知一件又滬來經有電議決調停辦法仍候股東會議決為有效此議另有議案

一、議決定於十一月十五日下午三時開股東臨時會

附註十一月三日經董監事簽案改於十一月二十日下午三時召開股東臨時會候電請董事長核定

董事長顏惠慶

主任常務董事袁心武

副主任常務董事　陳範有

俞君飛

董　　事　龔仙舟

孫章甫

周寳之

吳少皋

王少溥

周志俊

監　察　人　包培之

三十二年十一月十六日董監會議　第三十一次

一、討論關於十一月二十日股東臨時會提案如左

報告接到寧實業部第零零零二號通知事件案

報告補選董事請追認案

一、報告二十八年股東會議決增資募集增資股款數目案

一、報告董監事任期屆滿請改選案　以上均另有稿

董事長　顏惠慶

主任常務董事　袁心武

副主任常務董事陳範有 範

董　事龔仙舟 仙

俞君飛 飛

孫章甫

周實之 實

吳少皋 皋

王少溥 溥

周志俊

監察人包培之 培

三十二年十一月十九日董監會議 第三十二次

一報告顏董事長巧日（十八日）來電告知奥田水野來訪談情形公同閲悉

董事長顏惠慶（簽）
主任常務董事袁心武（簽）
副主任常務董事陳範有
俞君飛（簽）
董事龔仙舟
孫章甫

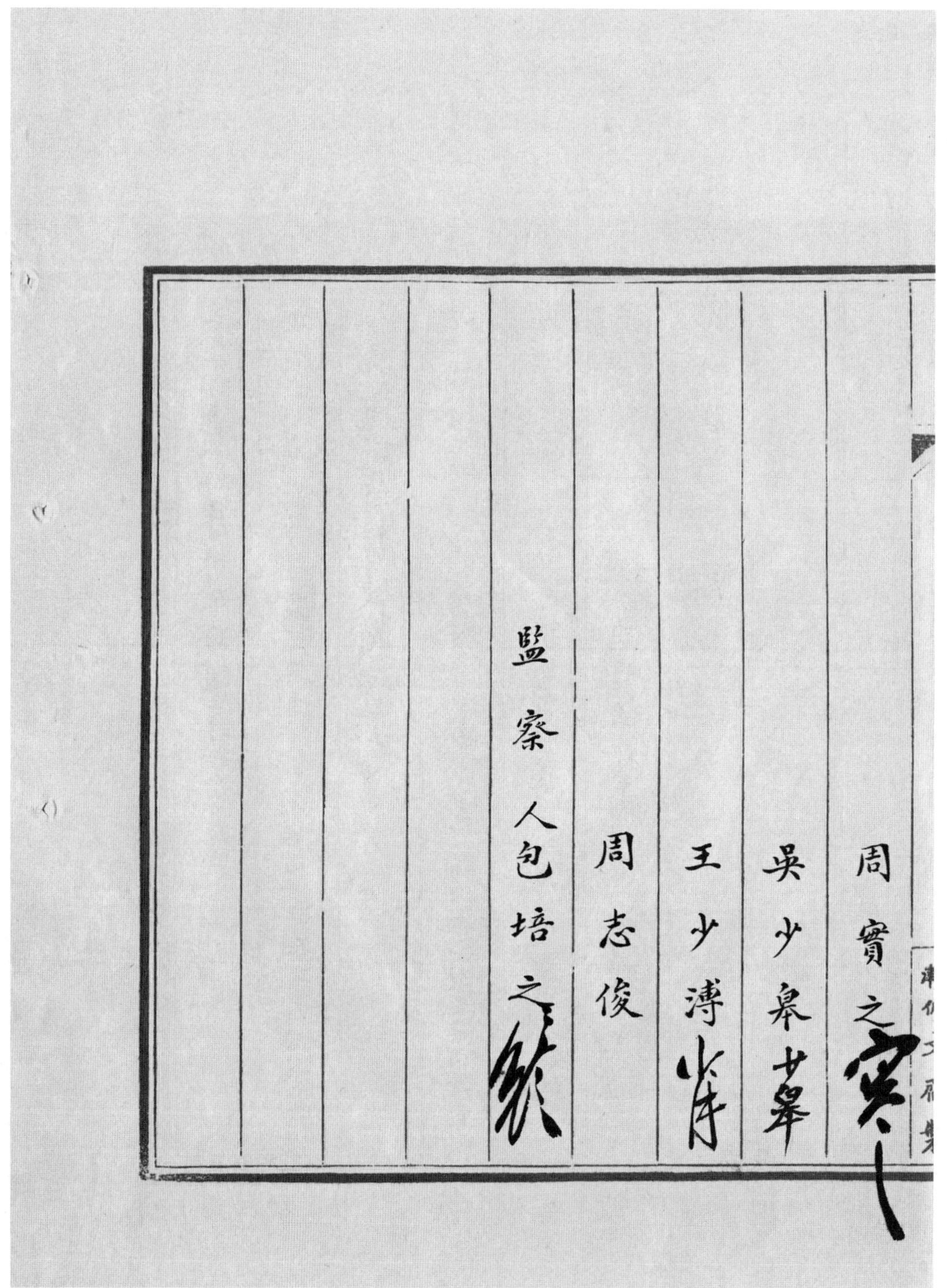

周實之
吴少皋
王少溥
周志俊
監察人包培之

三十二年十一月二十六日董監會議第三十三次

報告接到董事長來電（敬電）事 催寄呈復部文蓋章寄滬

董事長顏惠慶

主任常務董事袁心武

副主任常務董事陳範有

俞君飛

周志俊

董事龔仙舟

孫章甫

周寶之
吳少皋
王少溥
監察人包培之

三十二年十二月九日董監會議第三十四次

報告接到庚經理孫副理自南京所發齊電報告

八日午後在實業部繼續開會實業部即將

强制辦理令行江南遵照

核定復電稿

董事長顏惠慶

主任常務董事袁心武

副主任常務董事陳範有

俞君飛

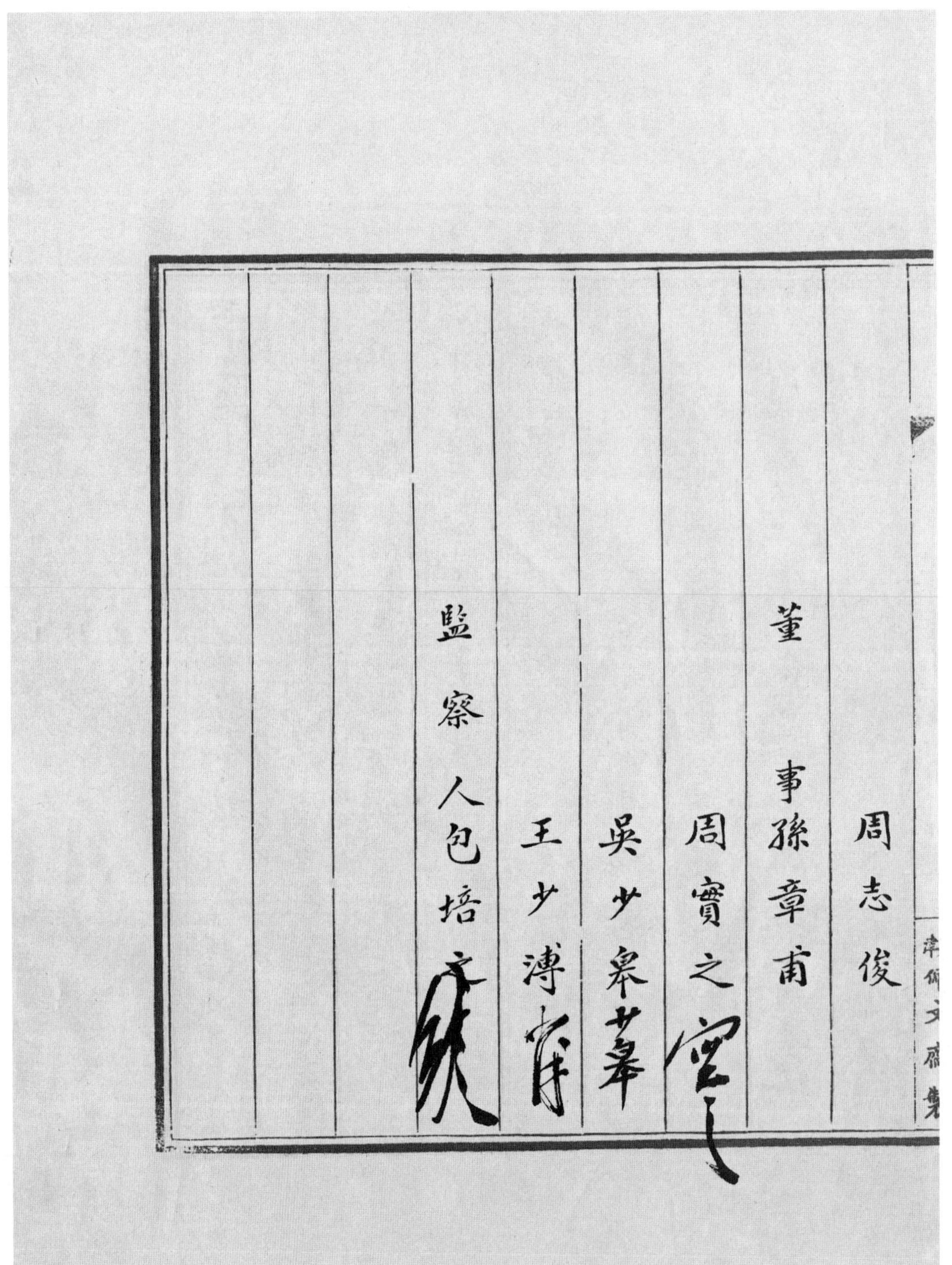
周志俊
董　事孫章甫
周寶之
吳少皋
王少溥
監察人包培之

三十二年十二月二十四日董監會議第三十五次

報告接到寧實業部十二月十三十七日令文及通知各一件

並聽趙總技師面述參與技術會議辯論經過情形

公議在寧實業部令飭容許日方拆遷機器之際仍

應設法就棲廠製造水泥請趙總技師計畫後再開

會核議至召開股東臨時會日期俟董事長酌

定後公告此議

董事長顏惠慶（押）

主任常務董事袁心武（押）

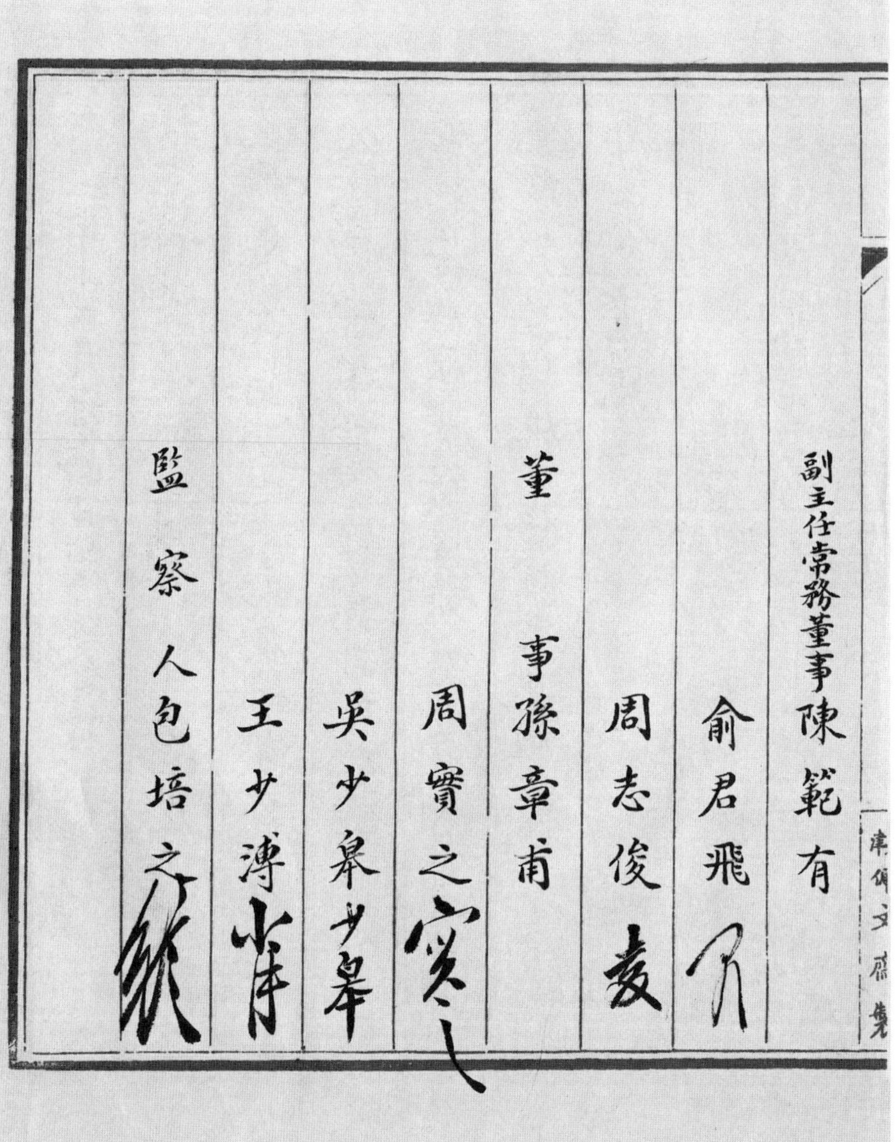

副主任常務董事陳範有
俞君飛
周志俊
董　事孫章甫
周寶之
吴少皋
王少溥
監　察　人包培之

三十三年一月三十日董監會議第三十六次

討論關於一月三十一日股東臨時會提案如左

一、報告接到實業部訓令及通知並批文飭照

單交出機件案

二、報告公司資產分別被拆移部分及其餘

資產價值造具清表案

董事長顏惠慶

主任常務董事袁心武

副主任常務董事陳範有

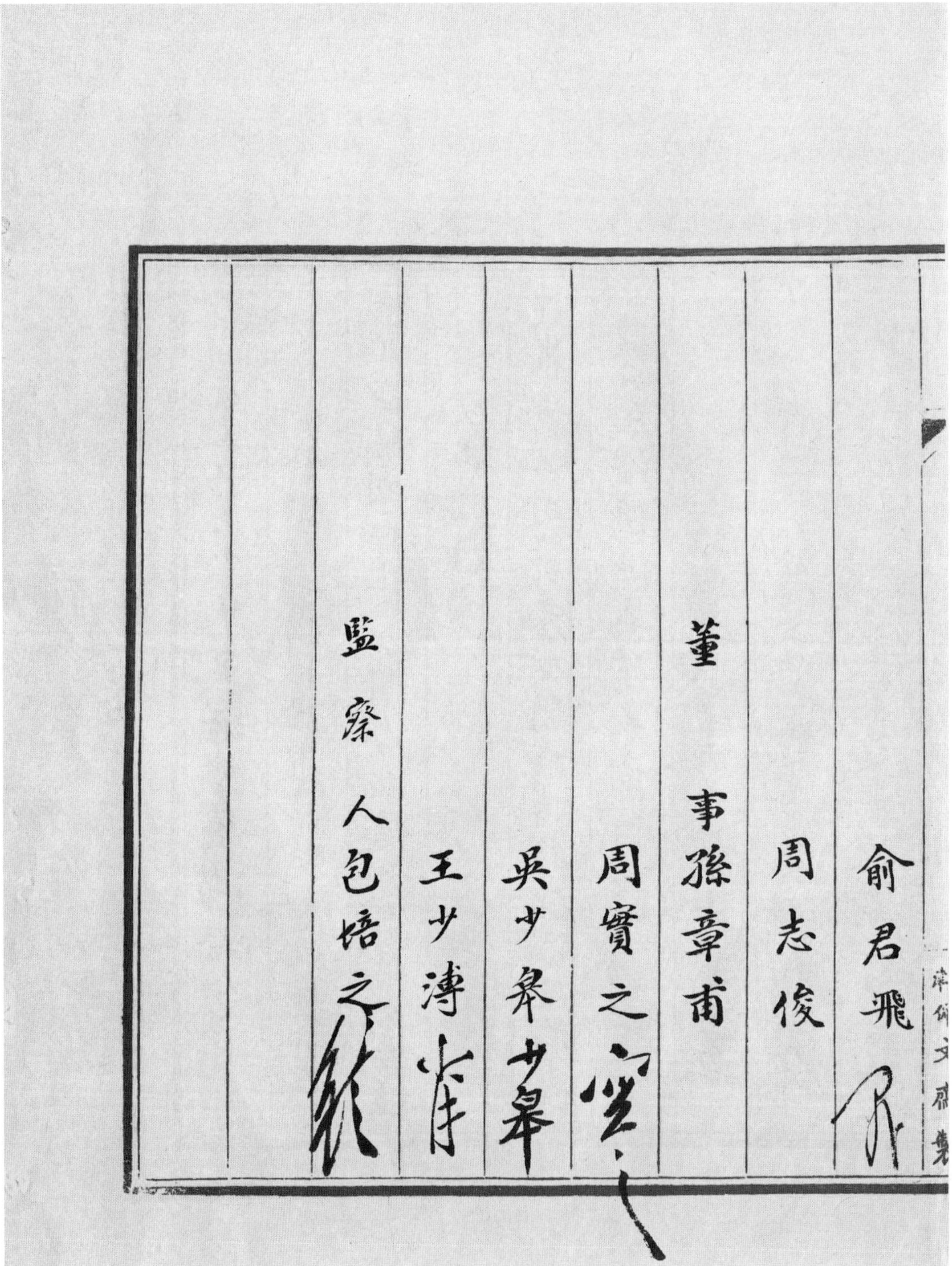
俞君飛
周志俊
董事孫章甫
周寶之
吴少皋
王少溥
監察人包培之

三十三年五月十七日董監會議 第三十七次

一、報告棲廠一部分機件被指定拆移實施現況 有報告案

一、關於本廠設法出貨之預算案 議決如擬積極籌辦 附估計費用單 另有議案

一、報告日方交來託代搜購之機件物料等表事

一、提議辦理江南公司登記請 公決案 有議案

董 事 長顏 惠慶

主任常務董事袁心武

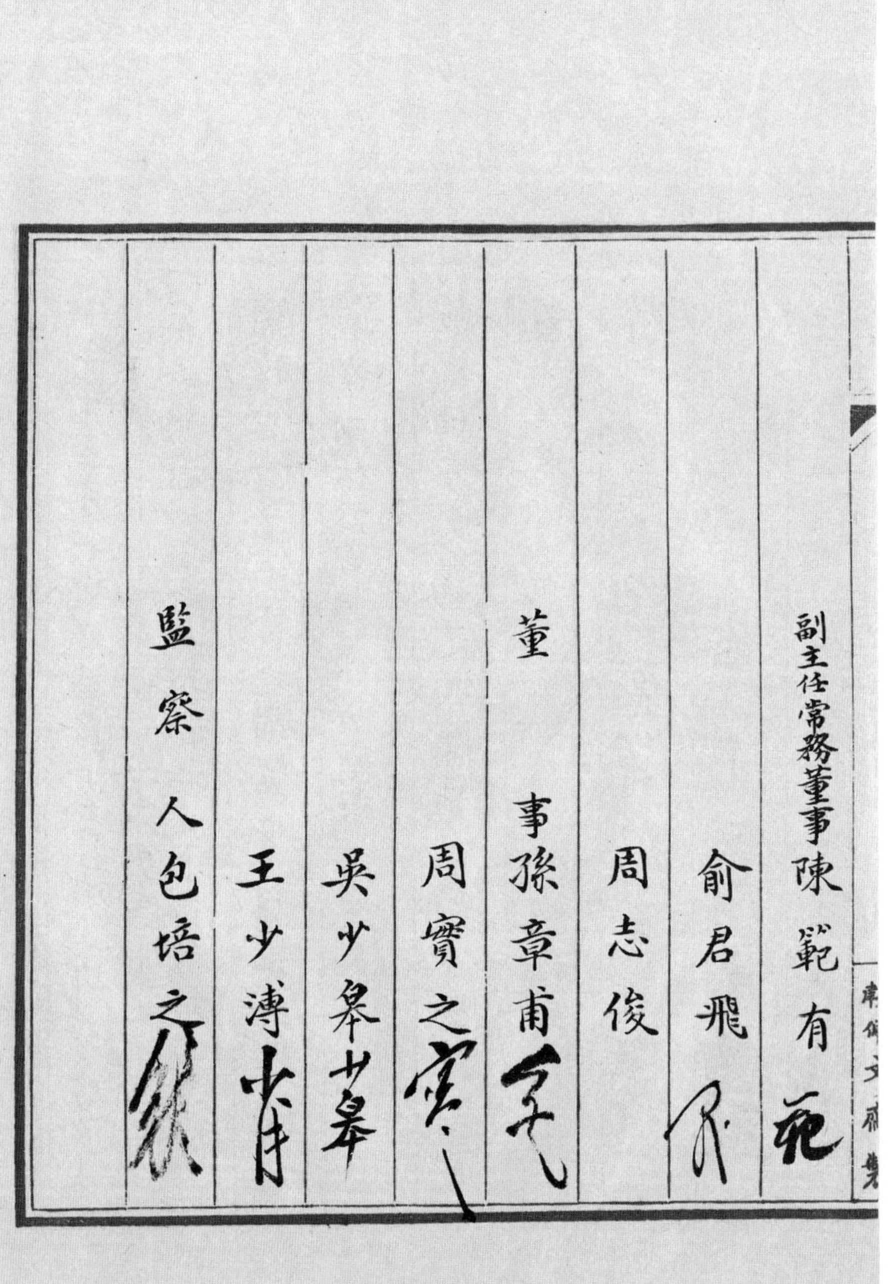
副主任常務董事陳範有

俞君飛

周志俊

董　事孫章甫

周寶之

吳少皋

王少溥

監察　人包培之

南京市社會局對擬組織江南水泥股份有限公司的批復（一九三五年五月十三日）

檔　號：1041-1-5

抄件

南京市社會局批　第壹肆肆貳號

原具呈人　江南水泥股份有限公司發起人顧惠慶等

呈一件；爲擬組織江南水泥股份有限公司檢同各件請予備案由

呈件均悉所呈各件核與公司法施行法第二十三條規定尚屬相符應准備案仰即依照法定程序進行此批件存

中華民國二十四年五月十三日

局長陳

江南水泥股份有限公司爲依法申請查驗股款致南京市社會局的呈文（附足額股款存放清單）（一九三五年五月十九日）

檔號：1041-1-5

呈爲依法申請查驗股款仰祈
鑒核施行事竊 惠慶 等集資貳百肆拾萬元創設江南水泥股份有限公司業經全
體發起人推舉代表於本年四月三十日向
鈞局遞呈請予備案並奉到
鈞局第壹肆肆貳號批開呈件均悉所呈各件核與公司法施行法第二十三條規
定尚屬相符應准備案仰即依照法定程序進行此批件存等因奉此遵即依照公
司法第九十條發起人認足股份總數設立有限公司之規定全體發起人選任顔
惠慶袁心武王仲劉陳範有孫多鈺周實之曾養甫盧開瑗吳少皋等九人爲董事
葉秀峰顔季餘二人爲監察人茲謹按照公司法第九十一條董事於就任後呈請
主管官署查驗股款之規定除收齊足額股款分存各銀行公司已取具證明函十

五件連同股款分存各處地址數目清單一式二份已由全體發起人代表於本年
四月三十日呈請
鈞局提前驗資文內附送
鈞察外理合依法具呈申請謹祈
鑒核查驗後給予證書以便依法呈請登記實爲公便謹呈
南京市社會局局長陳

具呈人江南水泥股份有限公司董事顔惠慶
袁心武
王仲劉
陳範有

孫多鈺
周實之
曾養甫
盧開瑗
吳少皋

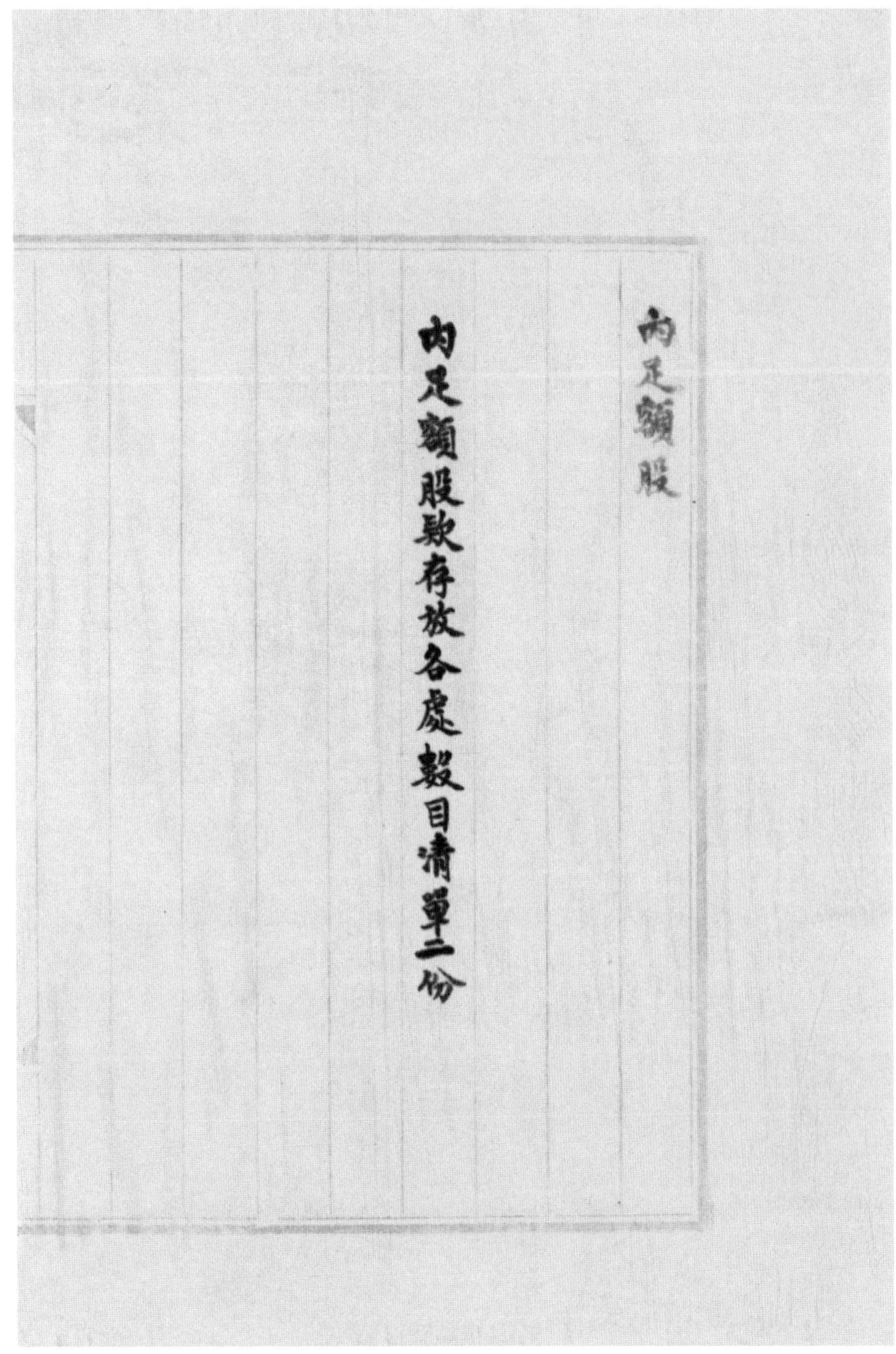
內足額股

內足額股欵存放各處數目清單二份

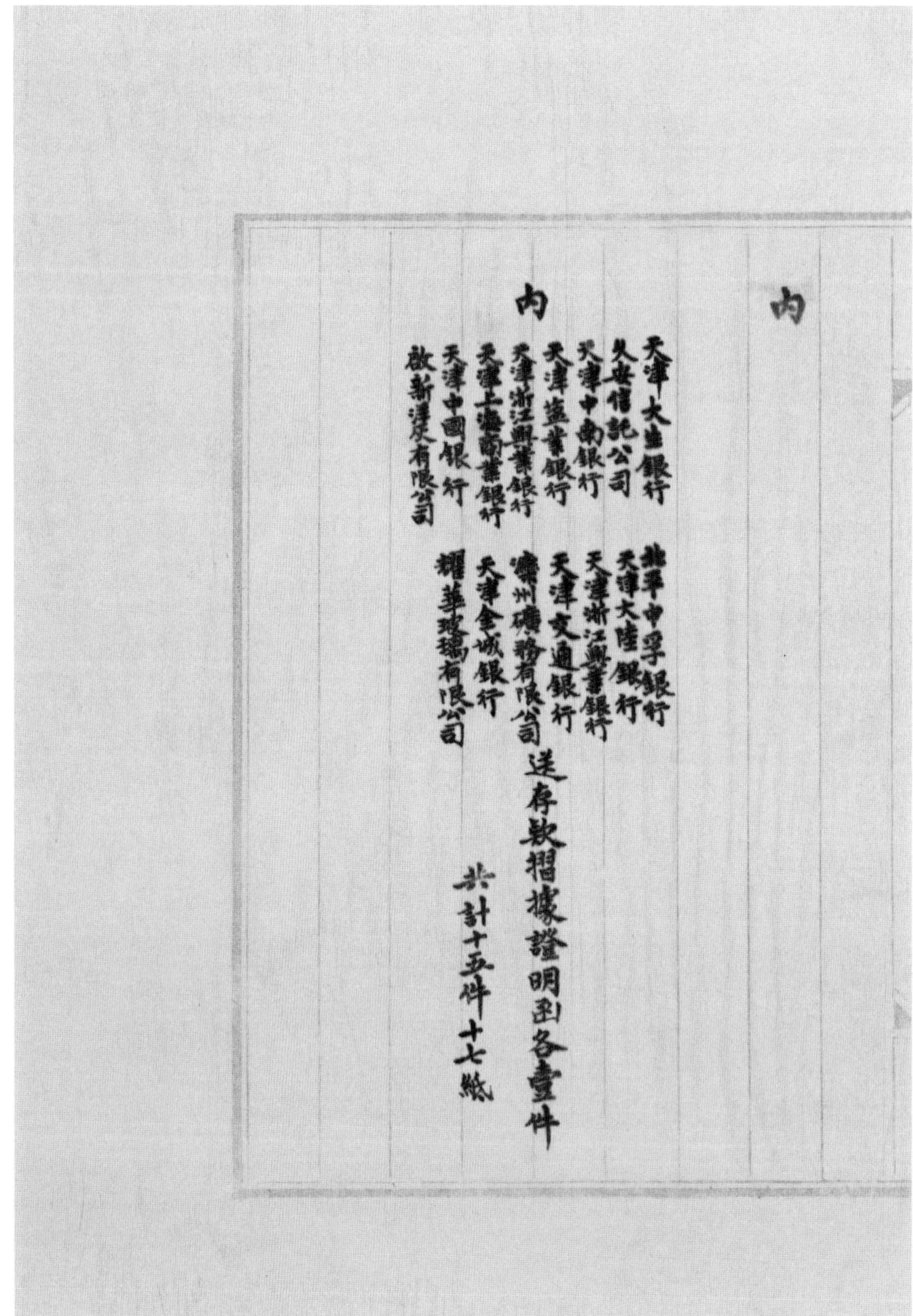

内

内

天津大生銀行
久安信託公司
天津中南銀行
天津鹽業銀行
天津浙江興業銀行
天津上海商業銀行
天津中國銀行
啟新洋灰有限公司

北平中孚銀行
天津大陸銀行
天津浙江興業銀行
天津交通銀行
灤州礦務有限公司
天津金城銀行
耀華玻璃有限公司

送存款摺據證明函各壹件

共計十五件 十七紙

江南水泥股份有限公司首次成立會決議録（附第一次股東大會當選董事長等人員名單）（一九三五年五月十五日）

檔號：1041-1-30

江南水泥股份有限公司首次成立會決議錄

江南水泥股份有限公司首次成立會決議錄

日期　二十四年五月十五日下午三時

地點　假天津法租界海大道一一五號二樓

到會股東　二百四十七人

到會股權　一十六萬七千四百三十五權

臨時公推周實之先生主席

一、報告本公司股東名簿共爲四百一十五人股權總數爲二十四萬權現在到會股東人數及股權數均超過半數以上應即宣告開會

一、報告本公司股款業已全數一次收足及籌備處成立事

各股東無異議

一、提議訂立本公司章程宣讀發起人起草本公司

章程草案請公決通過事

各股東全體起立通過

一、報告本公司依法辦理公司備案及擬按照公司法辦理公司設立登記事

各股東無異議

一、提議照公司法第九十條規定發起人認足股份總數時應即按股繳足股款並選任董事及監察人現在股款均已認足繳足並經通過章程請即照章投票選舉董事長一人常務董事三人董事五人監察二人事

當經公同投票公推股東岳奉之周稱平二君監視開票計董事長票貳百肆拾柒張常務董事票貳百伍拾伍張董事票貳百肆拾肆張監察人票貳百

肆拾叁張唱名撿票分别計數除所有各票被選舉
人姓名詳載議事録外兹將當選各位權數分誌如次

董事長一人

顏惠慶先生　一六二、九六七權當選

常務董事三人

袁心武先生　一六一、六三九權當選

王仲劉先生　一四四、二四五權當選

陳範有先生　一二一、六三八權當選

董事五人

孫章甫先生　一五〇、四〇二權當選

周實之先生　一四八、一二六權當選

曾養甫先生　一三一、一二六權當選

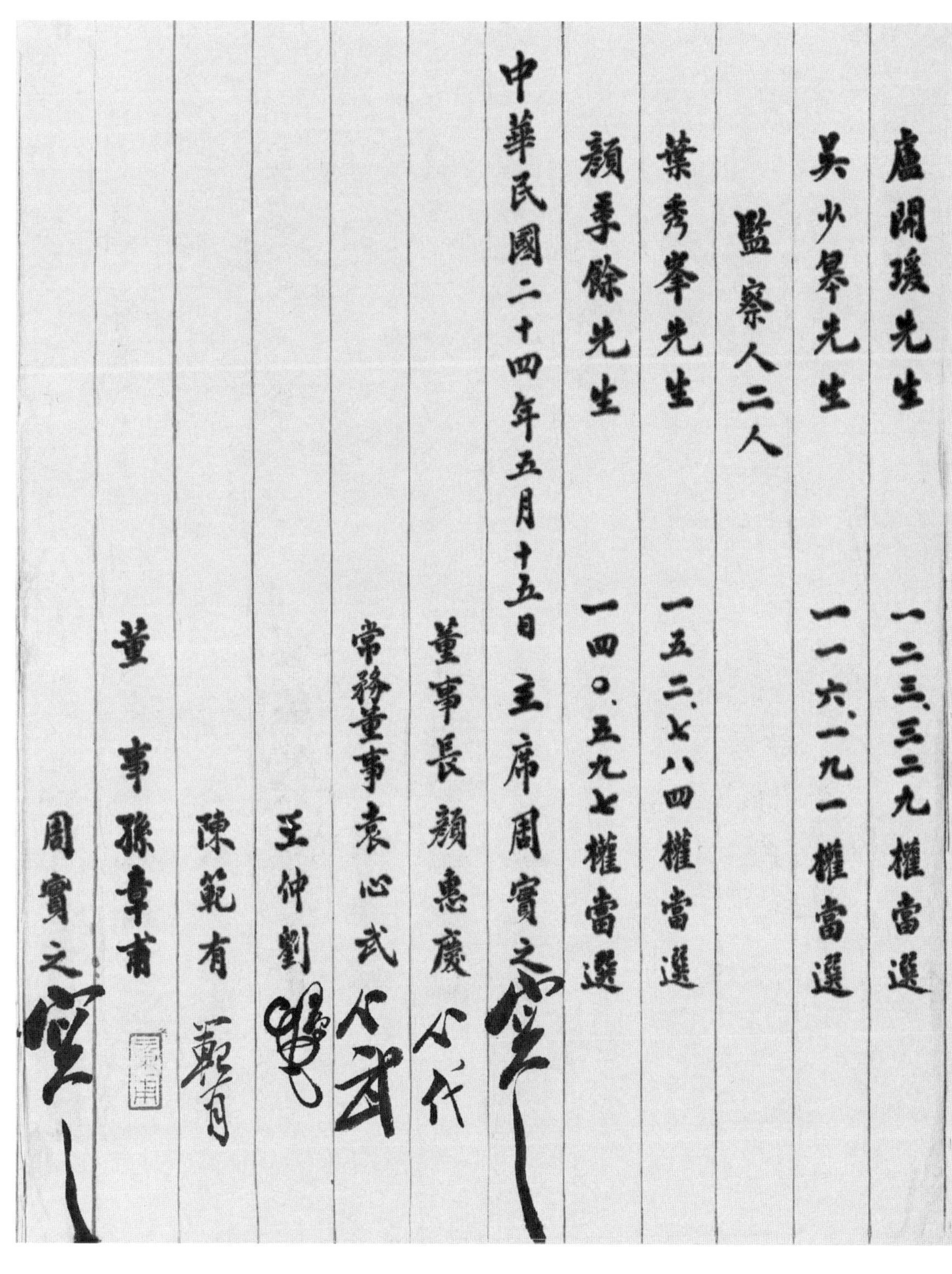
盧開瑗先生　一二三、三二九權當選
吳少琴先生　一一六、一九一權當選
監察人二人
葉秀峯先生　一五二、七八四權當選
顏季餘先生　一四〇、五九七權當選
中華民國二十四年五月十五日　主席周實之
董事長顏惠慶　心代
常務董事袁心武
王仲劉
陳範有
董　事孫章甫
周實之

曾養甫

盧開瑗 瑗

吳少皋 少皋

監察人 葉秀峯

顏季餘

江南水泥股份有限公司第一次股東大會當選董事長常務董事董事監察人名單

計開

董事長一人

顏惠慶　壹拾陸萬貳千玖百陸拾柒權當選

常務董事三人

袁心武　壹拾陸萬壹千陸百參拾玖權當選

王仲劉　壹拾肆萬肆千貳百肆拾伍權當選

陳範有　壹拾貳萬壹千陸百參拾捌權當選

董事五人

孫章甫　壹拾伍萬零肆百零貳權當選

周實之　壹拾肆萬捌千壹百貳拾陸權當選

曾養甫　壹拾參萬壹千壹百貳拾陸權當選

盧開瑗　壹拾貳萬參千參百貳拾玖權當選

吳少皋　壹拾壹萬陸千壹百玖拾壹權當選

監察人二人

葉秀峰　壹拾伍萬貳千柒百捌拾肆權當選

顧季餘　壹拾肆萬零伍百玖拾柒權當選

中華民國二十四年五月一日　主席周實之

周

江南水泥股份有限公司爲首次成立會選任董事監察人報請鑒核備案等致南京市社會局的呈文節略（附人員名單）

（一九三五年五月二十三日）

檔　號：1041-1-5

呈爲首次成立會選任董事監察人報請

鑒核備案事竊　惠慶　等集資貳百肆拾萬元創設江南水泥股份有限公司業遵照

鈞局第壹肆肆貳號批准備案各在案查公司法第九十條規定發起人認足股份

公司法施行法第二十三條呈奉

總數時應即按股繳足股款並選任董事及監察人　商　公司股份總數已由全體發

起人一次認繳足額爰依法於本年五月十五日下午三時假天津法租界海大道

一一五號二樓開首次成立會通過章程當經照章選舉董事九人監察人二人以

顔惠慶袁心武王仲劉陳範有孫多鈺周實之會養甫盧開瑗吳少皋九人得票最

多數均當選爲董事葉秀峰顔季餘二人得票最多數均當選爲監察人理合繕具

姓名住址單檢同決議錄謄本各一式二份備文呈報仰祈

鈞局鑒核備案實爲公便謹呈

南京市社會局

具呈人江南水泥股份有限公司

附呈當選董事監察人姓名住址清單一式二份

成立會　決議錄謄本一式二份

董事　顔惠慶

袁心武

王仲鋆

陳範有

孫多鈺

周實之

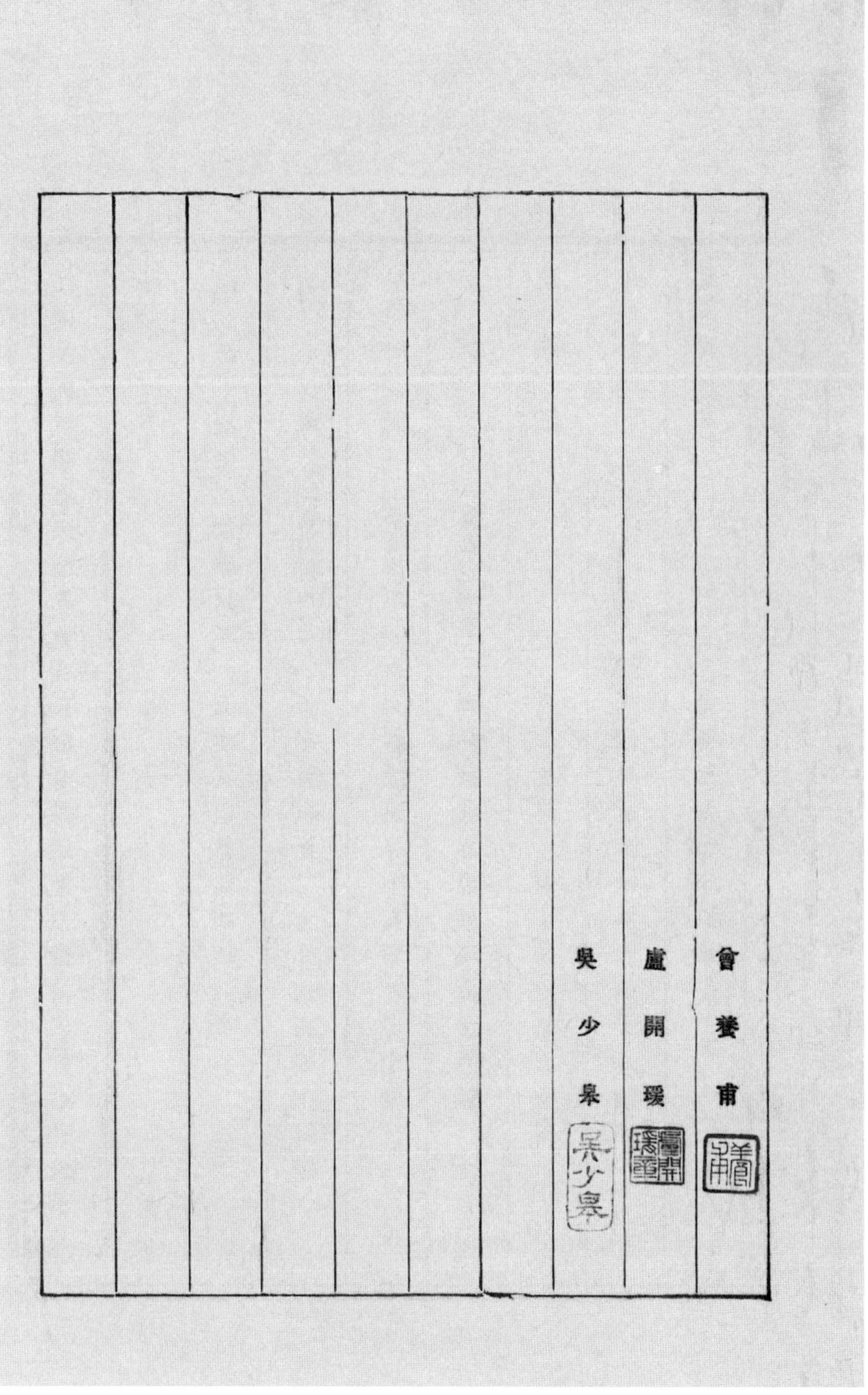
曾養甫
盧開瑗
吳少皋

江南水泥股份有限公司首次成立會當選董事監察人姓名住址清單

姓名	住址
顏惠慶（董事長）	天津英租界馬場道
袁心武（常務董事）	天津英租界二十九號路四七五號
王仲劉（常務董事）	天津法租界十四號路二十號
陳範有（常務董事）	天津英租界倫敦路五十八號
孫多鈺	天津英租界四十四號路五十號
周實之	天津英租界米多士路十八號
會彝甫	首都平倉巷十五號

盧開瑗　天津義租界小馬路二號

吳少皋　北平東安門內孟公府三號

以上均當選爲董事得票權數詳載決議錄

葉秀峰　首都百子亭八十八號之二

顧季餘　首都鐵道部官舍七號

以上均當選爲監察人得票權數詳載決議錄

江南水泥股份有限公司設立登記呈請書及南京市社會局批文（一九三五年六月十八日）

檔號：1041–1–5

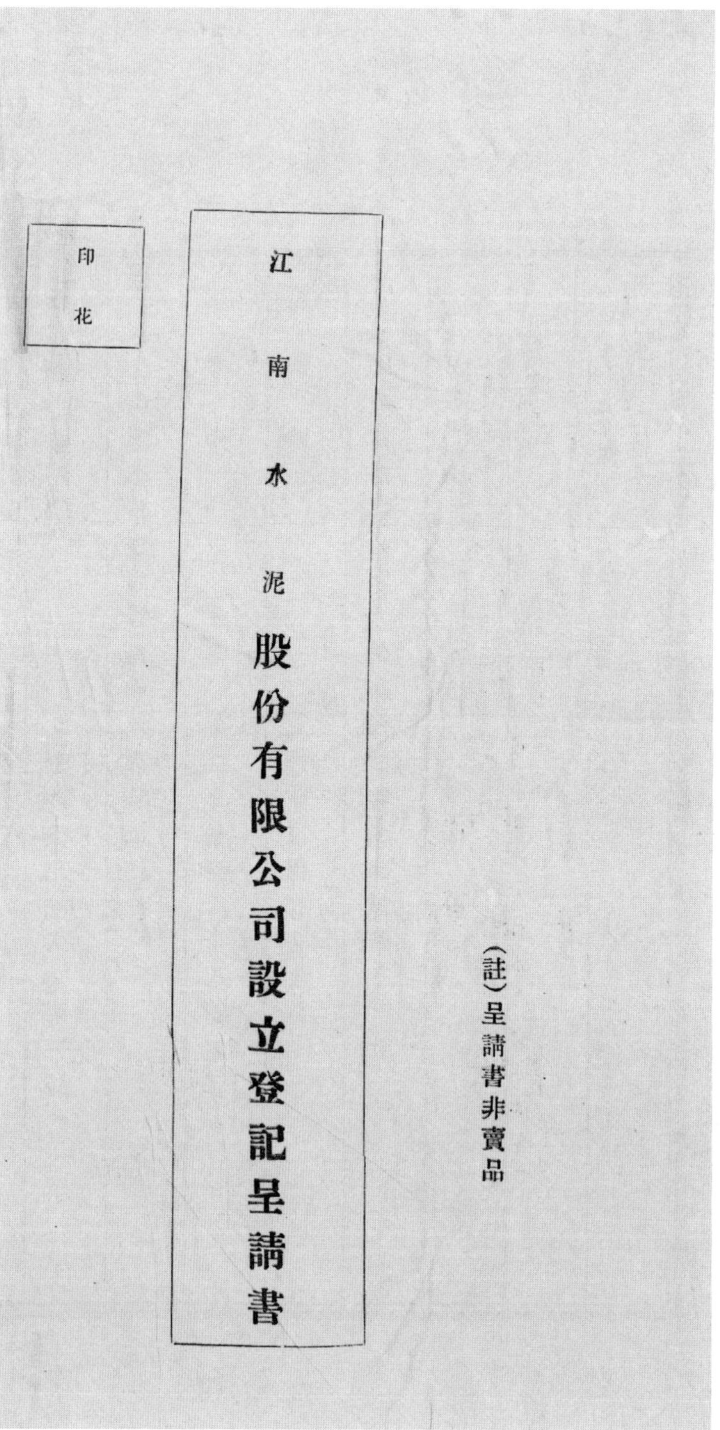

爲呈請登記事竊商人　惠慶　等現在　南　京　設立

江　南　水　泥　股份有限公司茲依法呈請登記遵照公司法第一百零九條規定將應行聲請登記各

事項逐一塡載於後並依照公司登記規則第二十九條規定加具各項文件隨繳執照費銀柒　百　伍　拾元（公

司登記規則第十條第一項乙款規定）印花稅銀一元備文呈請

鑒核轉呈

實業部核准給照謹呈

南京市社會局

具呈人　江　南　水　泥　股份有限公司

董　事　（全　體）　顏　惠　慶

袁心武

王仲劉

陳範有

孫多鈺

周實之

曾養甫

盧開瑗

吳少皋

監察人（全體）

葉秀峰

顧季餘

附件　如公司係因合併而設立呈請登記者並應加具公司登記規則第二十三條第三項規定之文件如係發起人認足股份者免具左列第七第八兩款文件發起人不自認足股份另行招募足額者免具左列第五第六兩款文件

一、公司章程　一式二份

一、股東名簿　一式二份

一、營業概算書　一式二份

一、依公司法施行法第二十三條規定呈准備案之證明文件（鈞局第一四四二號批一件暨抄本一份）

一、選任董事監察人名單　一式二份

一、主管官署依公司法第九十一條規定出具之檢查證書經裁減者並其判示（鈞局驗資證書一件暨抄本一份）

因係發起人認足股份依法免具此件

因係發起人認足股份依法免具此件

一、執照費　國幣柒百伍拾元

一、印花税银壹元

另附呈奉到　國民政府軍事委員會總字第四九五一號批文照片一式二份（經過情形謹於備考欄內註明）

登記事項表

公司名稱	江南水泥股份有限公司
所營事業	製造水泥及以水泥製成用品暨矸子七各種器皿運銷中外
資本總額及股份總數	國幣貳百肆拾萬元貳拾肆萬股
每股金額	國幣壹拾[illegible]元
每股已繳金額	業已全數一次收足
本支店所在地	設本店於南京市設支店於上海
公告方法	登載南京上海天津通行之日報

董事姓名住所

姓名	住所
顏惠慶	天津英租界馬場道
袁心武	天津英租界二九號路四七五號
王仲劉	天津法租界十四號路二十號
陳範有	南京新街口正洪街三十五號
孫多鈺	上海海格路範園
周實之	天津英租界米多士路十八號
曾養甫	首都平倉巷十五號
盧開瑗	天津義租界小馬路二號
吳少皋	北平東安門內孟公府三號

<table>
<tr><th colspan="2">監察人姓名住所</th><th>解散之事由</th></tr>
<tr><td>姓名</td><td>葉秀峰
顏季餘</td><td rowspan="4">（未訂定者免報）</td></tr>
<tr><td>住所</td><td>首都百子亭八十八號之二
首都鐵道部官舍七號</td></tr>
<tr><td>姓名</td><td></td></tr>
<tr><td>住所</td><td></td></tr>
</table>

備考

一、附送之國民政府軍事委員會總字第四九五一號批示照片係因籌設水泥廠地點在棲霞山脚傳聞該地曾劃入軍事區域委由惠慶等密呈委員長蔣請示除將奉到批示一件拍照呈案外謹此註明

二、商公司於奉准備案後即進行訂購機器因須向專門廠家定製至速須八個月始能全部運到預計修建機台安裝竣事約須十個月始能出貨營業因公司法有第七條之規定合併聲明

江南水泥股份有限公司選任董事監察人名單

計開

董事九人

顏惠慶（董事長）

袁心武（常務）

王仲劉（常務）

陳範有（常務）

孫多鈺

周實之

曾養甫

盧開瑗

吳少皋

監察人二人

葉秀峰

顏季餘

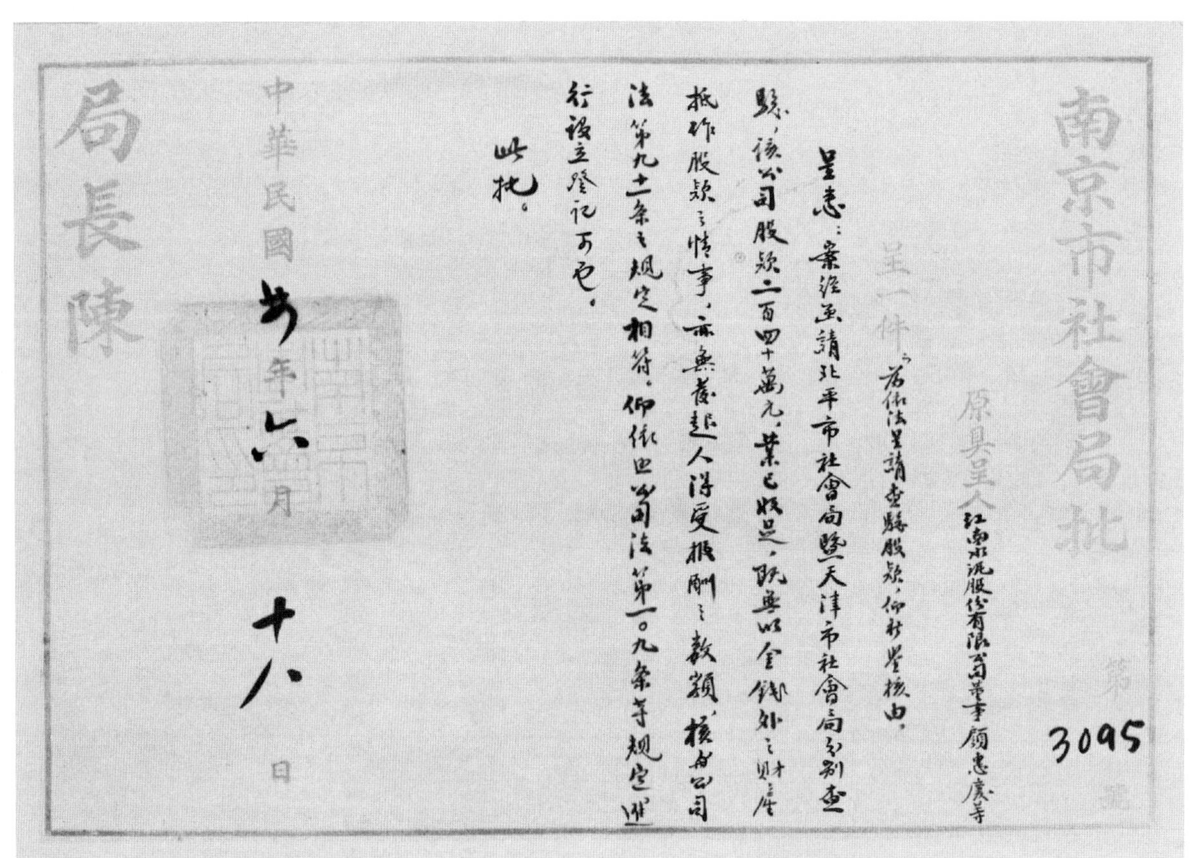

南京市社會局批　第3095號

原具呈人　江南水泥股份有限公司董事顧忠慶等

呈一件，爲依法呈請查驗股款，仰祈鑒核由。

呈悉。案經函請北平市社會局暨天津市社會局分別查驗，該公司股款二百四十萬元，業已收足，既無以金錢以外之財產抵作股款之情事，亦無發起人得受報酬之數額，核與公司法第九十二條之規定相符。仰依照公司法第一〇九條等規定進行設立登記可也。

此批。

局長陳

中華民國廿六年六月十八日

江南水泥股份有限公司爲遵飭聲叙補具修正文件致南京市社會局呈文及南京市社會局批文（一九三五年九月三十日）

檔　號：1041-1-5

呈爲遵飭聲敍補具修正文件仰祈

鑒核呈轉備案事案奉

鈞局第五一二八號通知內開案查前據該公司依法呈請設立登記前來業經分別轉呈並批示各在案茲奉實業部商字第三六二三七號指令內開呈件均悉費銀照收該公司所請設立登記查核大致尚合應予照准填發執照一紙仰卽轉給具領惟所報股東名簿合計僅有二十三萬九千九百九十九股並無二十四萬股究係因何錯誤應卽聲敍改正延陵堂一戶股份旣爲二人所共有應卽推定一人爲代表行使股東之權利併在股東名簿註明董事孫多鈺據報董監名單並無其名是否卽係孫章甫之誤應卽聲敍明白股東會議決議錄依法應由主席簽名蓋章無須各董監附署章程第二十二條『及各董監　四字應卽刪去章程內未載明發起人姓名住所應卽補入以符公司法第八十八條之規定再該公司所屬之工廠亦未經遵章登記併仰轉飭遵照修正文件聲敍補報呈轉備查外並應依照工廠登記規則規定另案補行工廠登記此令等因附發執照一紙奉此合行通

知該公司遵照仰即擘敍補具修正文件並另案補行工廠登記以憑核轉並仰帶同收條來局領照爲要特此通
知等因奉此除已持憑收條領到
鈞局給發
實業部設字第九八三號執照一紙妥存外謹將遵飭應行補具修正文件各項擘敍臚陳於下㈠此次呈送股東名
簿第四頁第十五行吳高林戶名實入七十九股誤爲七十五股又第十頁第二十二行余明德戶名實入五股
誤爲八股是以總數相差一股茲謹將各該戶悞繕數名修正補具股東名簿一式二份敬祈
察核存轉備查㈡延陵堂一戶股份業經詢明祗以袁規庵一人爲代表人業於 商 公司股東名簿暨隨呈補具
之股東名簿內註明理合擘敍備案㈢董事孫多鈺即係孫章甫 商 公司附呈之董監名單內誤將鈺字排爲鈺
字茲謹補具繕正董監名單一式二份一併呈案㈣遵將章程第二十二條「及各董監」四字删去茲謹檢同
遵飭修正章程印本一式二份并遵將發起人代表十一人之姓名住所補入章程印本之內隨文附送均祈

察核存轉備查㈤ 敝工廠現方事建築一俟廠房築竣機器安裝出貨營運之時自當謹依照工廠登記規則另
案補行工廠登記所有遵飭修正暨敘補具修正文件各緣由理合備文呈復仰祈
鑒核呈轉施行謹呈
南京市社會局局長陳
附呈㈠補具 股東名簿一式二份
㈡補具 董監名單一式二份
㈢補具 章程 一式二份（發起人代表姓名住址均已附列入册）
具呈人 江南水泥股份有限公司
董事長 顔惠慶

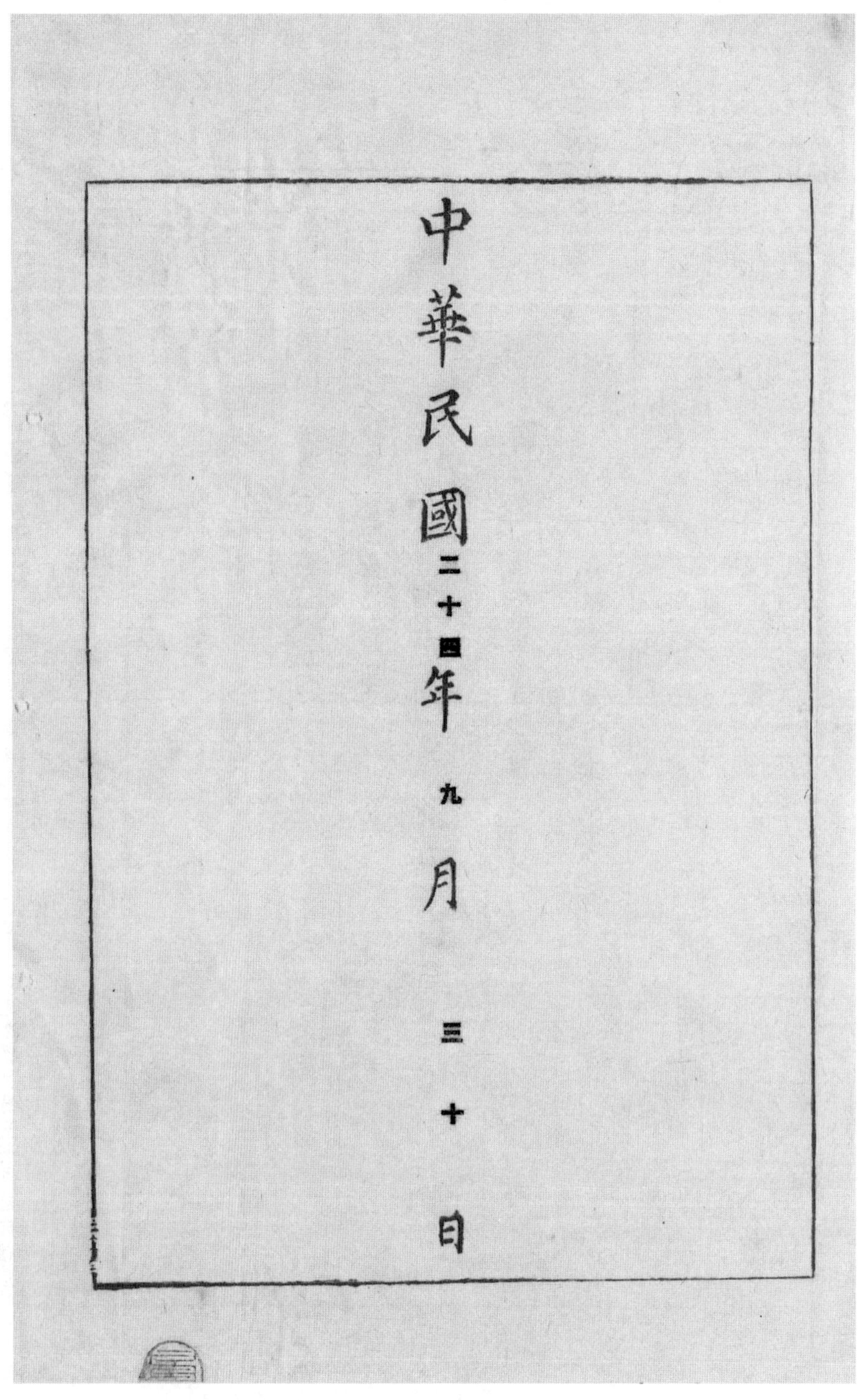

中華民國二十四年九月三十日

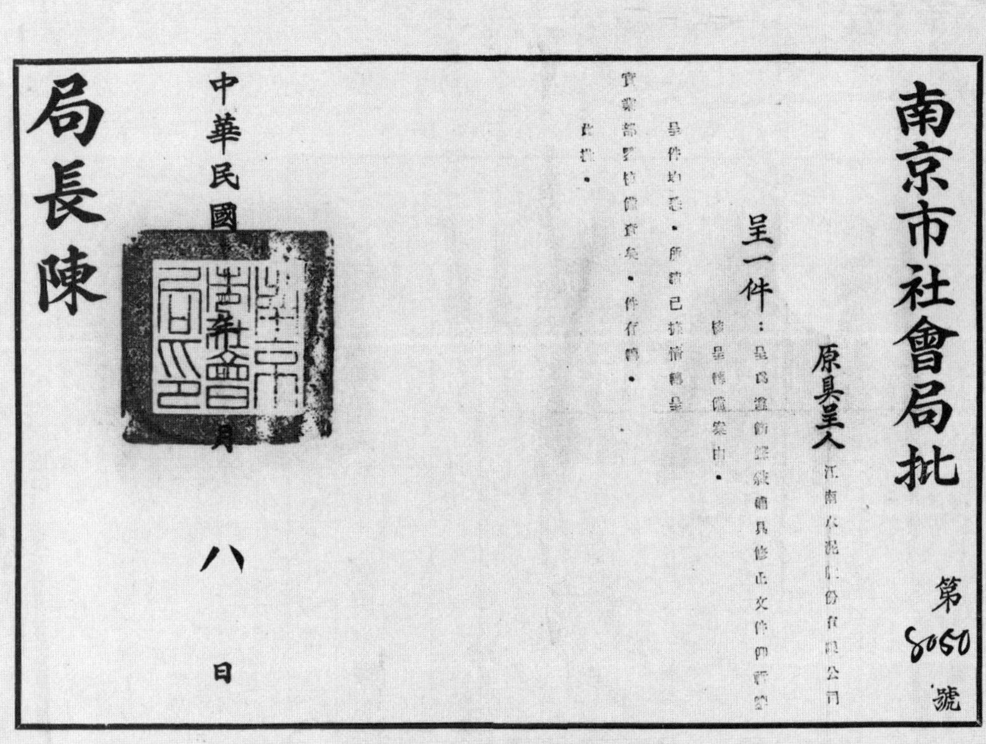

南京市社會局批　第8050號

原具呈人　江南水泥股份有限公司

呈一件：呈爲遵飭繕就補具修正文件仰祈鑒核呈轉備案由。

呈件均悉。所請已據情轉呈

實業部鑒核備案矣。件存轉。

此批。

局長陳

中華民國　年　月八日

江南水泥股份有限公司爲在攝山渡建廠事宜致江寧自治實驗縣政府的呈文（一九三五年六月）

檔號：1041–1–43

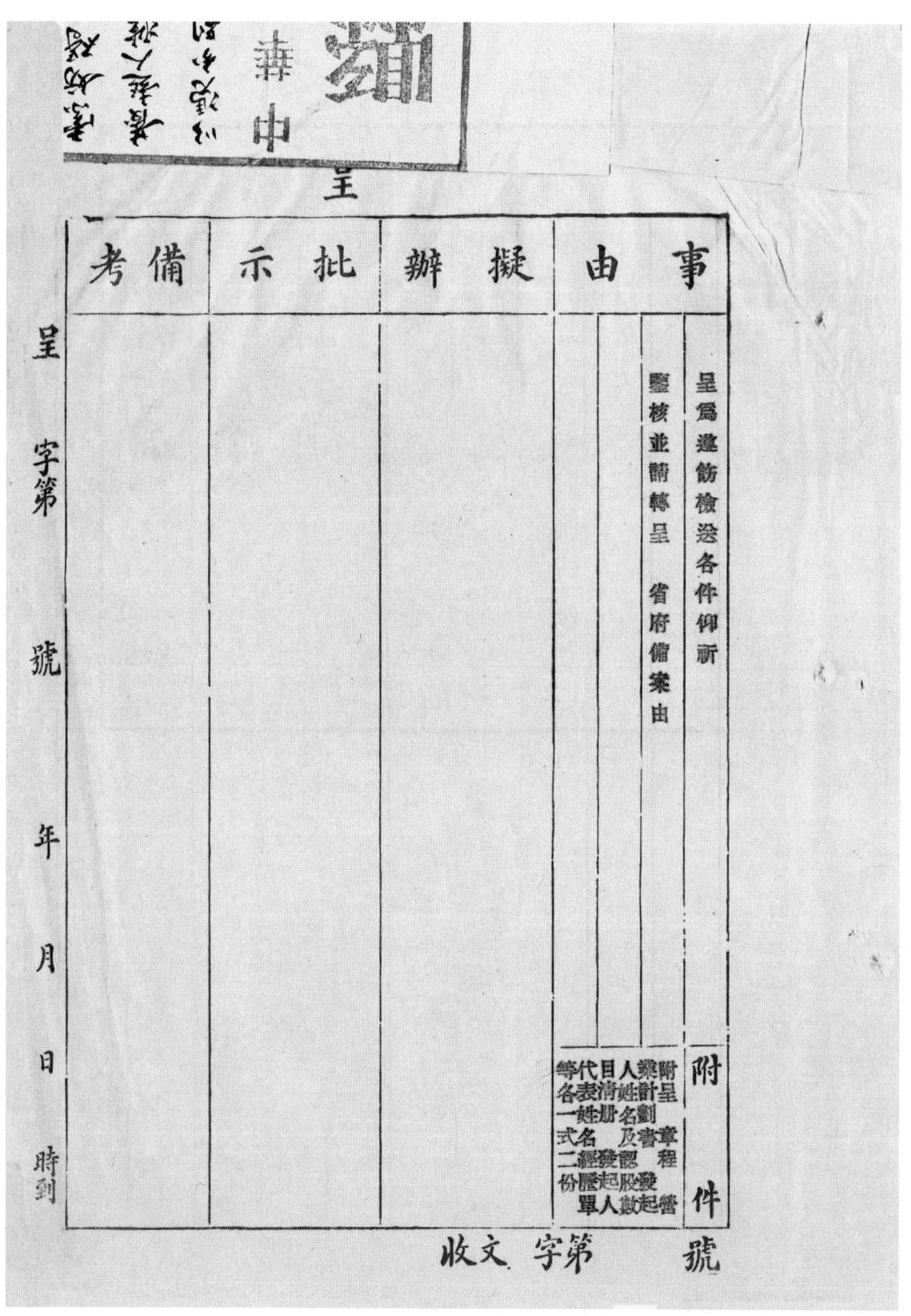

呈

事由	擬辦	批示	備考
呈爲遵飭檢送各件仰祈鑒核並請轉呈省府備案由			
附件：附呈章程營業計劃書發起人姓名及認股數目清冊發起人代表姓名經歷單等各一式二份			

呈　字第　號　年　月　日　時到

收文　字第　號

呈爲遵飭檢送各件仰祈

鑒核並請轉呈　省府備案事竊商公司前爲在

鈞縣轄境攝山渡附近築基設廠於本年六月五日呈請

鈞府鑒核備案飭予保護旋奉

鈞府第六六〇〇號批開呈悉據稱該公司在本縣攝山渡附近建築工廠業經

轉飭該管警局就近保護并出示佈告嚴禁界內有盜採樹木土石及刁詐需索

妨礙工程情事至所請轉報備案一節應將該公司營業計劃書發起人姓名經

歷及認股數目連同招股章程各繕二份一併補呈本府以憑分別存轉除分令

外仰即知照此批等因奉此仰見

鈞府振導實業保育工商之至意欽感莫名茲謹遵飭檢　商公司章程及營業計

劃書暨發起人姓名及認股數目清册並發起人代表姓名經歷及　南京市社會局第三〇九五號批示照片各一式二份隨文補呈查　商公司係依照公司法第一百〇九條暨公司登記規則第二十九條甲項規定發起人認足股份者辦理所有全數股款由全體股東發起人共同一次認募足額故毋庸備具招股章程而全體發起人卽係全體股東姓名股數均載名簿另將發起人代表姓名經歷開列清單至股款收足後已依法呈奉　南京市社會局第三〇九五號批示查驗相符在案理合備文呈送仰祈

鑒核備案並請轉呈　省政府備案施行實爲公便謹呈

江寧自治實驗縣政府

江南水泥股份有限公司謹

董事長　顏惠慶

附呈（一）章程（二）營業計劃書（三）發起人姓名及認股數目清册

（四）發起人代表姓名經歷單（五）南京市社會局第叁零玖伍號

批示照片各一式二份

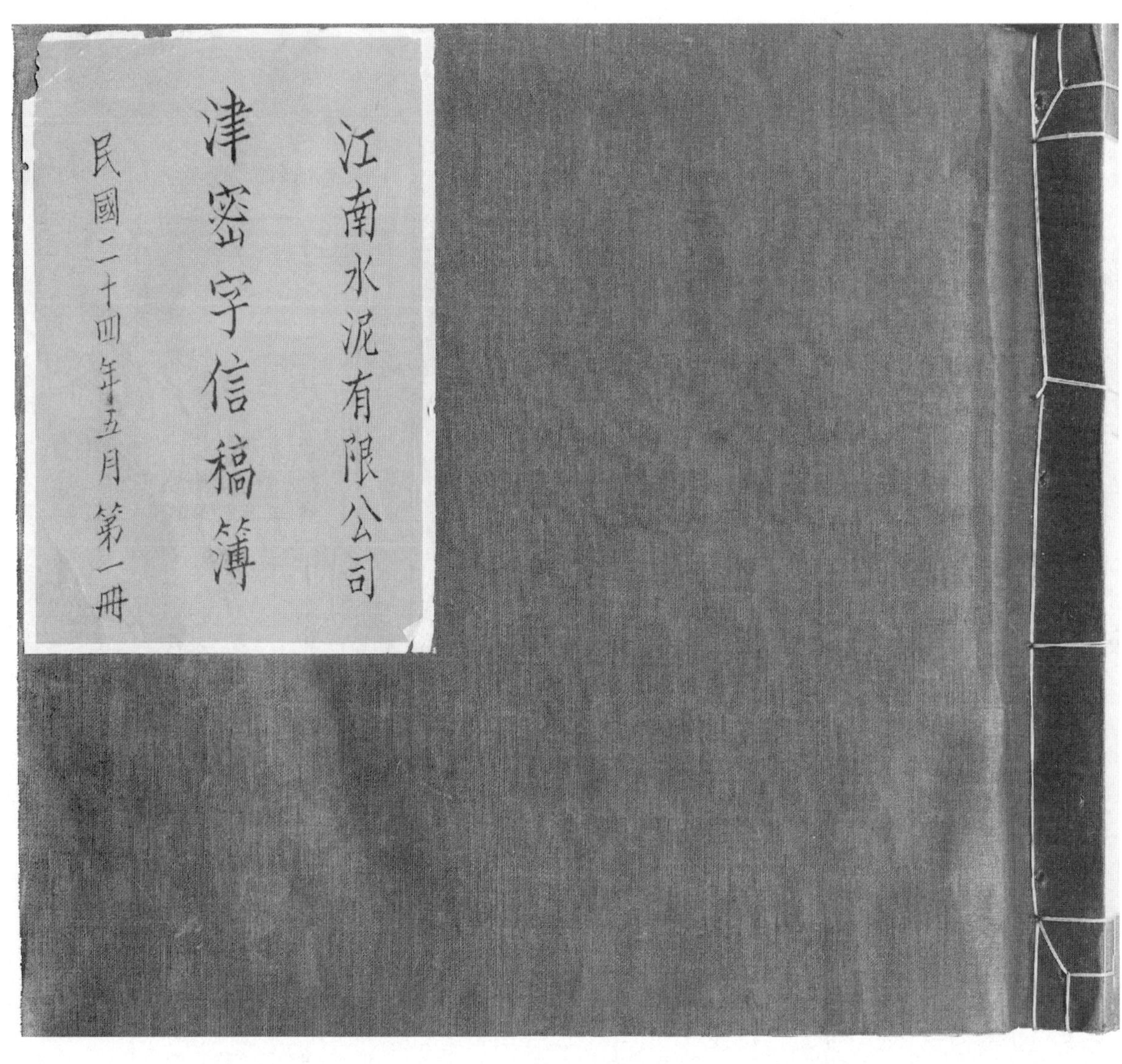

江南水泥有限公司津密字信稿簿第一號（一九三五年五月三日）

檔　號：1041-1-25

津寨字第元號

敬啓者茲將本達各事分述如左

一、本公司於本月一日開第一次股東大會通過章程草案並照章選舉董事若干監察人若干當選在津各位董事均於翌日就職祈查照

二、接五月二日顏董事長自莫斯科來電開即日就職請袁心武先生代行董事長職權等因袁代董事長已就代職祈查照

三、茲擬定嗣後來往函件編字列號辦法如下

津江字第　號函　爲寨處爲寧江字第　號函凡關於廠務各項擬若干款逐件載此號函

津南字第　號函　爲寨處爲寧南字

第　號函凡總務人員經撥款項須載此號函

另編津寄號函　貴處由寧字寄號函凡寄要事項須載此號函祈查照

四、訂購工廠機器合同將簽訂　簽訂合同後約五個月內可運到一部　關於修建廠屋通盤　請

貴處從速籌備進行擬具切實辦法呈候核定為盼

五、附去致顏季餘先生通知當選本公司監察人函一件請　庚處長面交同時並切託關照開挖便民河橋基事如何並盼　寄函見示

六、本會圖章未刊就以前暫借用本籌備處委員會方章為通函鈐

記之同祈查照

七、本月一日 庚主任董事長寄呈

常務董事籌字一號函已呈 閱,關於

大示應修正五點,除第一、二、五等項已由

另處代為加注並商定申明理由,甚為妥當

外,其第二項(後開去)吳少皋君股款數列在股冊

第十七頁,又第四項所云無代表姓名者查之十戶

上寄股冊,除銀行銀號係以法人資格為股東

例不必再加填代表人姓名外,僅(例如錦新紗廠、裕北實業、鹽務局及銀行、學校等)第八頁周

全記(現追詢姓名係全秀卿)第九頁福

元堂(現追詢姓名係李宗氏)未列代表

人姓名,請於各該户名下代表人姓名欄

內補填為荷。此項經指寄一電話

台洽矣。

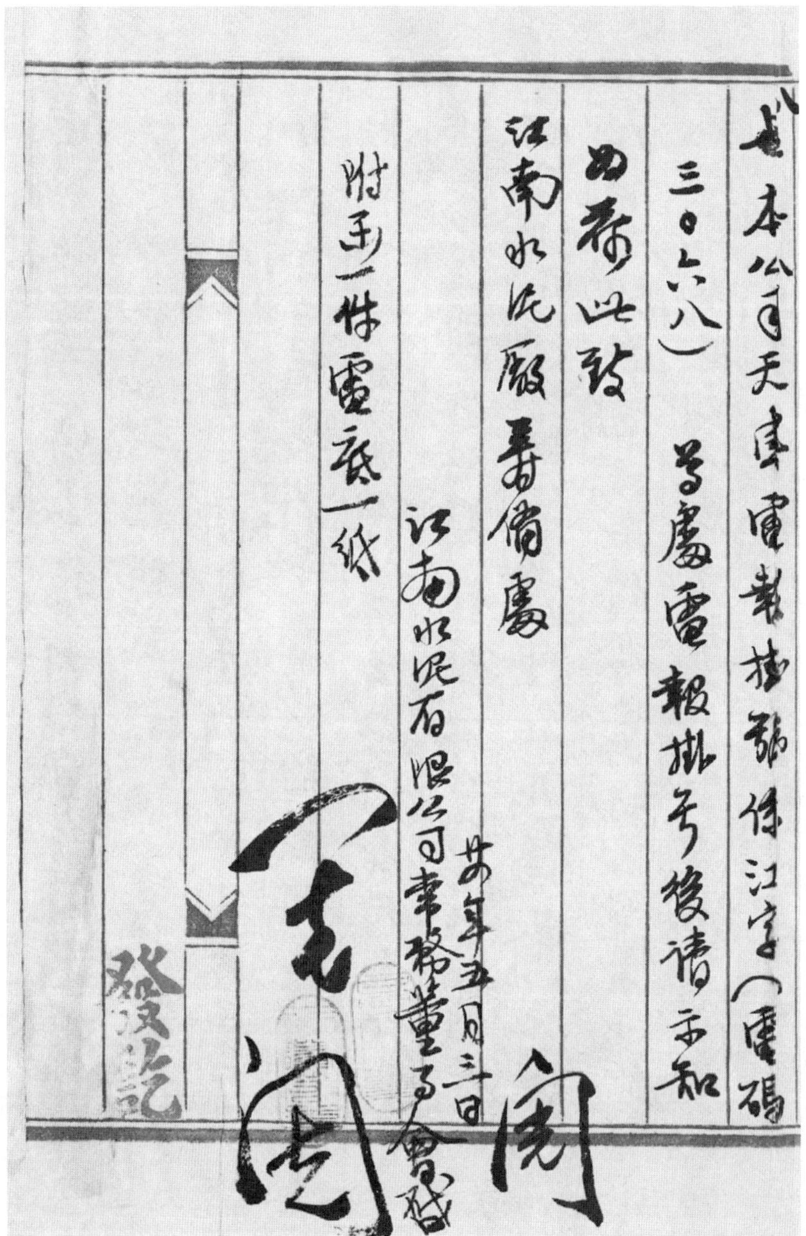
啟者本公司天津電報掛號係江字（電碼三〇六八）等處電報掛號後請示知為荷此致

江南水泥廠籌備處

江南水泥有限公司常務董事會啟

廿年五月三日

附電底一紙

啓新洋灰有限公司大冶水泥廠副總技師張粲如赴日本調查洋灰機報告（一九三五年七月二十一日）

檔號：1041-1-16

民國二十四年七月冶廠副總技師

張粲如赴日本調查洋灰機報告

赴日本調查洋灰機報告書

一　緣由

洋灰機自歐戰後可稱爲最發達時代因歐美日本各國在戰爭停止後皆向實業一方發展洋灰乃建設必需之物所以資本家皆盡量投資於洋灰事業而建設新廠以增出數其最顯著者當推日本亞細亞製造洋灰機工廠亦用其智能以求洋灰機之進步今日雖不能稱盡善盡美惟較之十五年前之洋灰機已大相懸殊其進步之點約爲二

一灰窰餘熱及窰後餘熱向來均耗費不用現在則盡量收取灰塊餘熱窰後餘熱亦設法利用務使窰中燃燒適宜用煤經濟

二生料磨及洋灰磨亦大加改良從前磨一噸生料或一噸洋灰用馬力極高現在因有複式磨之發明磨操體由鵝石子改爲鋼球鐵段等等馬力大省細度反而增進從前用皮帶轉運者現在均用電氣馬達變慢齒輪 Reducing Gears 轉運省去皮帶費用及種種意外損失不少最努力改良洋灰機當推丹國之史密芝工廠德國之普利工廠克魯伯工廠美亞工廠等等史密芝之廠最先有『優納克窰 Unax Kiln』及『優納頓磨（複式）Unidan Mill』之發明普利廠有『沙洛窰 Solo Kiln』之發明最近又有『蘭波窰 Lepol Kiln』之發明美亞廠有『烤料機 Calcinator』之發明以上各機近來均認爲效用甚大而日本早已採用實華此次派赴日本亦即調查以上各新機其尤要者爲蘭波窰茲將調查情形錄後請

鈞察

二　與各洋灰機廠代表接洽情形

實華於上月二十六日到東京後因急於參觀蘭波窰爲快即與普利廠代表接洽嘗由普利代表伯靈意君介紹東洋工業社經理宮崎君由宮崎陪往帝國大學訪永井教授承永井給予介紹書多份復承宮崎君代擬參觀日程因有多處置有史密芝之優納克窰及優納頓磨又與史密芝代表接洽一次茲將由七月三日起參觀錄後

一淺野川崎工廠

乾　法

生料磨部　二米四×十四米　優納頓磨一具

旋窯部　二米二×十二米　又　又
九呎×十呎×一百八十呎美國式旋窯兩具每具每日出灰塊壹千肆百桶尚有舊窯兩具久停未用
洋灰磨部　七呎×二十四呎　複式磨一具
六呎×二十二呎　又　一具
二米二×十二米　優納頓磨二具

二淺野西多摩工廠
濕法
生料部　二米二×十四米　優納頓磨四具
旋窯部　三米一五×三米四五×六十米　優納克窯二具後加廢熱鍋每窯每日出灰塊貳千桶
洋灰磨部　二米二×十二米　優納頓磨三具

三小野田東藤原工廠
濕法
生料磨部　二米四×十四米　克魯伯複式磨三具
旋窯部　三米一五×三米七五×七十米　優納克窯一具窯尾加裝廢熱鍋每座每日出灰塊貳千貳百桶
洋灰磨部　二米四×十四米　克魯伯複式磨三具

四淺野大阪木津川工廠
濕法
生料磨部　二米四×十三米　優納頓磨三具（用變慢齒輪）
旋窯部　三米一五×三米四五×六十米　優納克窯二具加裝廢熱鍋每具每日出灰塊貳千壹百桶
洋灰磨部　二米四×十三米　優納頓磨三具（與生料磨同）

五淺野香春工廠
濕法

生料磨部　二米四X十四米　優納頓磨四具（用雙慢齒輪）

旋窯部　三米七五X七十一米優納克窯二具加廢熱鍋每具每日出灰塊三千二百桶

洋灰磨部　二米四X十四米　優納頓磨三具（與生料磨同）

六宇部　宇部新川工廠

乾法及濕法

生料磨部　日本自製複式磨六具

旋窯部　三米四五X三米一五X三米四五X九十米　優納克窯二具每具每日出灰塊二千四百桶

又克魯伯窯二具每具每日出灰塊二千四百桶

又美國窯一具每具每日出灰塊二千桶

又日本自製二具每具每日出灰塊三千桶

共計七具有一具已裝有烤料機餘兩具在加

裝中

洋灰磨部　與生料磨同

七八幡製鐵所洋灰工廠

乾　法

生料磨及洋灰磨各四具日本自製

旋窯部　二米八五X二八米爾波窯二具每具每日出灰塊二百噸合一千二百桶

八三河田原工廠

乾　法

生料磨部　一米五X四米複式磨一具

一米八X五米又　一具

旋窯部　二米五X二八米　爾波窯一具每日出灰塊一百五十噸約合九百桶

洋灰磨部　一米八Ⅹ五米複式磨二具

三　蘭波窰之調查

日本工廠之設有蘭波窰者計有三處（一）三河田原工廠1934年二月成立有窰一具每日產量為150噸

（二）八幡製鐵所洋灰工廠現在建設中有窰二具每日產量為200噸

（三）東海名古屋廠亦在建設中有窰一具每日產量為300噸

窰乃日本自製八幡製鐵所洋灰工廠雖經參觀因在建設中無調查之可言至三河田原工廠第一次前往參觀適在停工期內華會入窰中察視見機器內部佈置甚佳生料在窰尾盤已結成球狀與普通旋窰實有不同之處窰雖短球至窰口已燒成極好之灰塊矣據副技師三輪君云此窰係本廠工程師按裝初發時其自動鍊條會折斷一次現已無此弊病矣及華十八日第二次前往參觀該廠已開工三日茲將其用煤灰塊出數成色旋窰一切情形調查如下

（一）喂煤鍊花轉數每八小時平均四千九百轉每轉入煤一·七格蘭姆八小時用煤（4900x0017= 8330 Kg）八噸三成三二十四小時共計用煤二十四噸九成九

（二）每八小時出灰塊一百三十車每車淨重約四百五十磅計八小時能出灰塊五萬八千五百磅二十四小時出灰塊一百七十五噸五成

（三）照以上兩項合算灰塊用煤祇百分之十五左右但日本煤火力較高（約七千加洛粒）如以淮煤或華東煤合算六千加洛粒）用煤約百分之十七左右此與其圖中所說保證無甚區別

（三）灰塊拉力據該廠報告三天期三十三啟羅三合四百七十二磅七天期三十五啟羅六合五百零五磅二十八天期四十三啟羅一合六百零二磅照此拉力可見其成色甚高華會向該廠索取灰塊二啟羅之譜預備試驗以還實在

（四）窰尾溫度照表中所示為八百二三十度風扇出氣溫度為一百二十度左右此可見所有窰尾餘熱已完全用盡至散熱罐（小窰罐）之接口亦甚密切灰塊餘熱亦必全部吹收而入窰中

（五）尚有最堪注意者一點按普通旋窰無論如何佈置完善因灰塊一時燒不透終不免有短時間之停止至蘭波窰華在該廠窰房察視有三小時之久並未見有一分鐘之停止此可證各機件如和料器 Granulating dru 等佈置完善與旋窰成為一體管理自動鍊條 Travelling Grate 及喂煤器 Coal Powder Nozzle

因此非常容易燒火人似不必十分注意往往可離其職位而做他項工作至燒成灰塊顏色甚爲均勻燃燒程度亦無過分不及之弊 對於此項蘭波窰初不甚深信自此詳細察視後方知該普利廠代表所談無誤又據八幡製鐵所洋灰工廠技師香春君談該工廠在未定機器以前伊曾去德國考察七個月之久認爲蘭波窰效力甚佳所以決定購置此項旋窰云

四 參觀他廠報告

除三河田原工廠及八幡製鐵所洋灰工廠外其餘淺野工廠四處小野田一處宇部一處屬濕法者爲多機器大半爲史密芝廠出品至佈置亦相彷彿（一）生料漿在未入窰以前先經一濾水器 Filter 此項濾水器可將生料漿中水份之一部吸收查生料漿普通含水份百分之三十五至百分之四十經過濾水器後祗含水份百分之十八左右旋窰用煤因因此得以減少（二）旋窰雖有日本自製者但均屬史密芝優納克窰相類之窰此項旋窰之優點全在窰口之散熱鏈上散熱灰塊自出窰口後即入各散熱鏈中散熱鏈中之空氣能將灰塊餘熱完全吹收而入窰中因入窰之空氣溫度甚高用煤所以減省（三）窰尾大半皆裝有費熱鍋爐其所蒸氣足够發平發馬力之用不必再用其他鍋爐（大概均裝有補助鍋爐但皆不用）照以上佈置燃燒灰塊連全廠發電馬力祗用煤百分之三十左右如以濕煤合算約在百分之三十五左右用煤如此減省我中國工廠尚未有達此者括而言之各工廠之優點不外乎（甲）單位大（乙）用煤經濟（丙）馬力經濟（丁）人工經濟至洋灰成色優良工廠清潔組織完善尚其餘事

五 與藤井談話及日本洋灰產量情形

藤井者淺野之總技師也經營洋灰事業有四十餘年之久凡淺野工廠均出其計畫誠一經驗豐富能學之士 實華得史密芝廠代表之介紹曾在淺野中央試驗室晤面一次並至試驗室參觀此試驗室乃專爲試驗洋灰之用乃獨立性質與各工廠無關凡試驗洋灰及三合土之儀器應有盡有似較帝國大學之試驗室尤爲完善其全部儀器以華估計約在五十萬元以上據藤井談現在日本因欲提高洋灰成色細度均不照政府規定按政府規定爲四千九百羅眼百分之十二而市上之洋灰均在百分之三又有多處製造幾種洋灰所以日本洋灰成色遠出各國規定以上此外尚有多處製造低熱洋灰（即高鐵礬高矽礬之洋灰）專爲海水工程之用又據藤井談日本全國機器能力每月能產洋灰一百萬噸市場需要祗百分之五十五左右所以各工廠每限制工作十六天但各工廠因成本低廉仍能獲利最優者可得餘利一分五最次者亦可得餘利七釐云茲將經年機器能力及實在產量列下以備參考

年份	機器能力	實在產量	運出	1本國用	2輸出國外	3屬地滿州等國
	噸	噸	噸	噸	噸	噸
1925	3,294,000	2,432,000	2,462,000	2,245,000	217,000	
1926	3,549,000	3,154,000	3,132,000	2,805,000	333,000	
1927	3,948,000	3,592,000	3,551,000	3,217,000	334,000	
1928	4,296,000	3,806,000	3,791,000	3,453,000	338,000	
1929	5,230,000	4,293,000	4,130,000	3,697,000	433,000	
1930	5,934,000	3,750,000	3,806,000	3,233,000	573,000	
1931	6,592,000	3,637,000	3,585,000	3,027,000	558,000	
1932	6,933,000	3,649,000	3,690,000	3,275,000	415,000	
1933	8,513,000	4,[illegible]49,000	4,712,000	3,990,000	407,000	313,000
1934	10,020,000	5,026,000	4,947,000	4[illegible]12,000	336,000	492,000

張寶華謹呈

廿四年七月二十一日

江南水泥股份有限公司與京滬滬杭甬鐵路管理局簽訂的敷設私用岔道合同（一九三五年）

檔號：1041-1-12

江南水泥股份有限公司敷設私用岔道合同

立合同人 京滬滬杭甬鐵路管理局（以上簡稱路局）
江南水泥股份有限公司（以下簡稱公司）爲敷設自京滬線棲霞山車站至攝山鎮公司製造廠專供公司運輸貨物之岔道訂定條款如後：

第一條 岔道自棲霞山車站京滬線第二八七、一六二公里處起至攝山鎮公司製造廠止計長三、四〇公里連岔線共長四二一〇公里，其詳細地形如所附藍圖、

第二條 岔道專供公司運入製造水泥機械原料，公司自用物品，及設備上必須之材料等並運出水泥，水泥製品及副產品等之用，不得運輸其所營事業以外之貨物、

第三條　岔道之設計及建築等工程，概歸路局代辦；惟所有土方橋梁涵洞等工程不論在路界內外，均歸公司自築由路局製發圖樣派員監工。

第四條　岔道鋪軌工料費估計需銀伍萬陸千零肆拾伍元（詳見所附估單）公司應於簽訂合同時照繳全數三分之二（計銀叁萬柒千叁百陸拾叁元叁角叁分）與路局，以便興工，並於工竣後立即按照路局所開決算找付清楚，至路界內外之土方橋梁涵洞等工程估計約需銀貳萬玖千貳百柒拾伍元，由公司自理。

第五條　岔道常年普通修養維持事項亦由路局代辦，其常年普通修養，如整理石碴更換軌條軌枕，各項辛工及維持工費按每公尺每年銀肆角扣算，全年計需銀壹千陸百捌拾肆元公司應於每年一月上半月一次付清，該款自岔道完工之日起算（屆時由雙方換文證實）至修養所需之材料費，則由路局按照實數隨時開單通知公司照付、

第六條　岔道佔用地畝，在鐵路地界以內者，照部路定章另訂租約其在鐵路地界以外者，由公司自行收購、

第七條　車輛駛入岔道，公司應按每公里（畸零尾數亦以一公里計算如本岔道長度將來確定爲三、四公里時亦應作四公里計算）每輛繳納調車費銀貳分伍釐、

第八條　車輛及其附屬品如篷布等，駛入岔道，公司應照路局規定時間裝卸完

發交還，逾期須照章繳納延期費

第九條　公司應於簽訂合同時，繳納保證金銀捌百肆拾貳元存於路局俟合同解除時，如無欠款情事，即如數發還不計利息、

第十條　本合同有效期間，定爲十年，自簽訂之日起算，期滿如雙方同意得另議續訂、

第十一條　公司所有一切原料出品及用品或其職權能力所及之貨物，無論輸出輸入，均應儘量用公司名義直接交由路局運輸，但輸出貨品，最低不得少於每年出廠量百分之四十、

第十二條　在路務必要時，路局得將本岔道與其他岔道接軌、

第十三條　凡本合同未載事項，均以鐵道部現頒及將來修改之國有鐵路私用岔道修築及使用規則爲準，雙方應嚴格遵守之。

第十四條　公司爲誠意履行本合同規定之一切義務情願覓具殷實商號用書面保證，在合同有效期內，如遇有退保情事公司應於十日內，另覓妥保，換具證書。

第十五條　本合同共繕同式二份，路局與公司各執壹份。

第十六條　本合同附件如下：

一、粘附藍圖一紙

二、鐵道部頒國有鐵路私用岔道修築及使用規則一份

三、估單二份

京滬
滬杭甬鐵路管理局局長

車務處處長

工務處處長

建路總稽核

見證人　顧問律師

江南水泥股份有限公司

總經理

見證人

中華民國二十四年　月　日

江南水泥公司棲霞工廠（江南水泥廠）職員租用住宅及水電章程（一九三五年）

檔號：1041–1–56

江南水泥公司棲霞工廠職員租用住宅及水電章程

第一條 凡屬本廠職員而攜帶眷屬者得向工廠總務科聲請登記租用住宅但須俟登記核准後方得遷入遷出時亦須向總務科登記以便查考

第二條 職員住宅分甲乙丙三種甲種住宅每月租金五十元乙種住宅每月租金二十五元丙種住宅每月租金十一元

第三條 租金由家眷遷入之日起算退租時以家眷遷出之日截止計租但如租定核准之日起十日後家眷未曾遷入者該租戶應認付租金二分之一至遷入之日起再按全部計租

第四條 住宅經常修葺由工廠另行規定辦理如有臨時損壞應加修葺者得隨時如照總務科俟察明原因後再行核辦

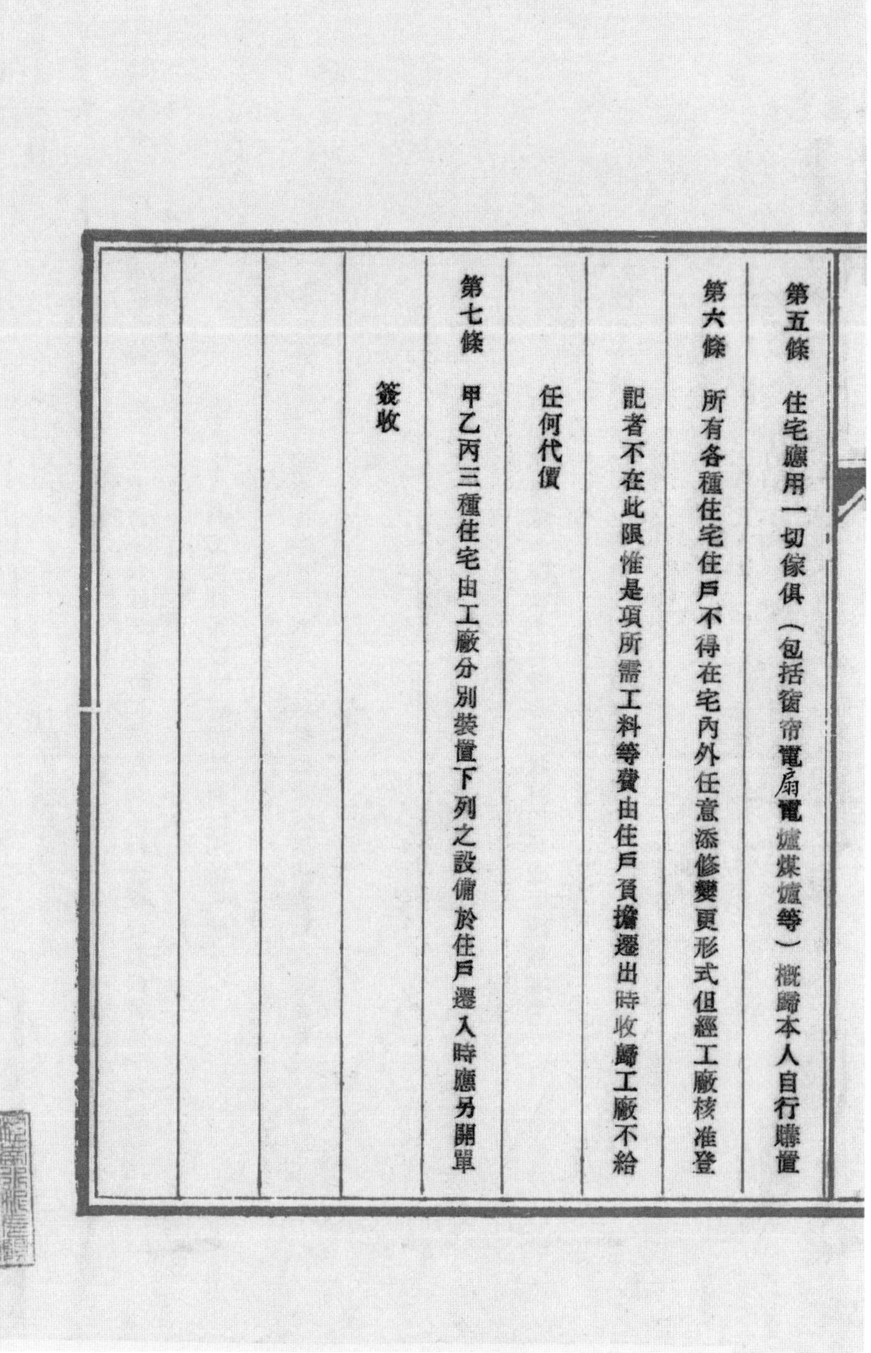

第五條　住宅應用一切傢俱（包括窗帘電扇電爐煤爐等）概歸本人自行購置

第六條　所有各種住宅住戶不得在宅內外任意添修變更形式但經工廠核准登記者不在此限惟是項所需工料等費由住戶負擔遷出時收歸工廠不給任何代價

第七條　甲乙丙三種住宅由工廠分別裝置下列之設備於住戶遷入時應另開單簽收

第八條　甲乙兩種住宅爐灶由工廠供給如須改造修理自行出費辦理丙種住宅爐
灶由住戶雇工自砌其青磚石灰紙筋由工廠供給
第九條　宅內園地花木第一次由工廠依照規定辦法布置種植以後澆水剷草由住
戶自理
第十條　宅內電燈設備第一次由工廠裝置普通白磁燈罩燈泡漏後如有損壞由住
戶購換用電一律按電度表每度收費四分如用電熱者同
第十一條　自來水設備由工廠裝置用水一律按水表每千加倫收費貳角五分
第十二條　電表水表均由工廠安置
第十三條　凡住在廠內職員得按成本價格向工廠支用購存煤斤但不得運出廠外

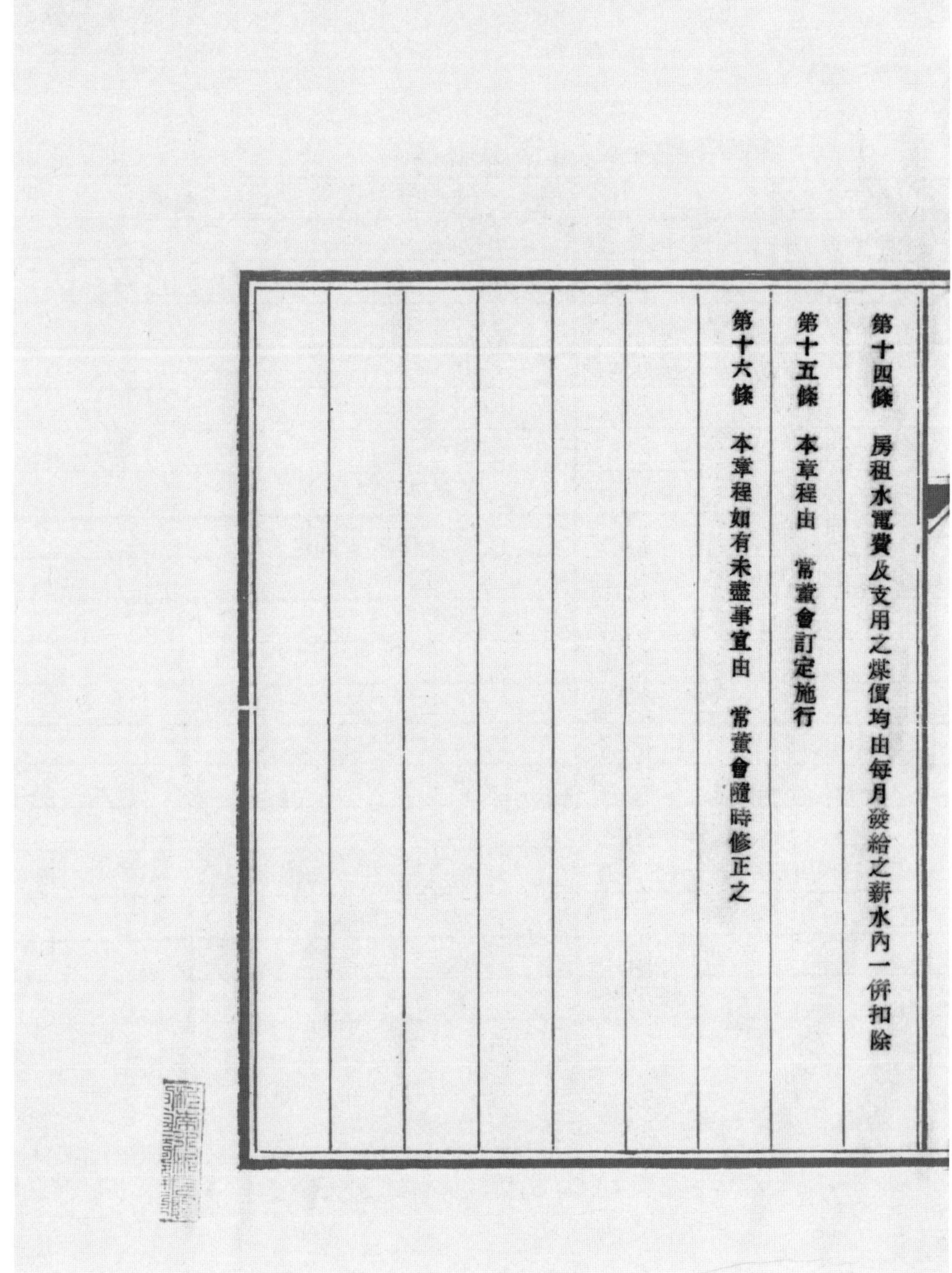

第十四條　房租水電費及支用之煤價均由每月發給之薪水內一併扣除

第十五條　本章程由　常董會訂定施行

第十六條　本章程如有未盡事宜由　常董會隨時修正之

甲種住宅衛生及電氣等設備

類別	名稱	數量	備註
衛生設備	生鐵搪磁浴盆	1只	
	〃面盆	1只	
	低水箱白磁馬桶	1只	
	生鐵高水箱白磁馬桶	1只	
	鏡箱	1只	
	热水爐	1只	
暖氣設備	暖氣炉片	11座	共200片
	〃〃鍋炉	1只	連氣汞及温度表
電氣設備	電鈴	9只	
	電燈	27只	
	電燈撲落	10只	
	電热撲落	2只	
廚房傢俱	洗菜盆	1只	
	粗木櫈	1只	
	三層鉛紗門橱碗架	1只	
零件	木窗簾棍	19根	
	鑰匙	21把	
	書橱小鑰匙	2把	
	晒衣架	2具	

乙種住宅衛生及電氣等設備

類別	名稱	數量	備註
衛生設備	生鉄搪磁浴盆	1只	
	〃〃面盆	1只	
	低水箱白磁馬桶	1只	
	高〃〃〃	1只	
	鏡箱	1只	
	熱水爐	1只	
電氣設備	電鈴	7只	
	電灯	16只	
	電灯插座	5只	
	電熱插座	2只	
零件	木窗簾棍	11根	
	鑰匙	18把	
	臨時木梯	1只	
	晒衣架	2具	

丙種住宅衛生及電氣等設備

類別	名稱	數量	備註
衛生設備	生鐵搪磁浴盆	1只	
	〃　〃面盆	1只	
	〃高水箱白磁騎桶	1只	
電氣設備	電灯	8只	
	電鈴	3只	
	電灯樸落	3只	
零件	木窗簾棍	7根	
	鑰匙	6把	
	晒衣架	1具	

職員租居住宅聲請書

敬啓茲願遵照工廠所定職員租用住宅及水電規則租					
用　種住宅一所即希核准爲荷此致					
總務科 台照　　聲請人簽章					
年　月　日					
登記事項					
姓名		職務			
住宅種類		住宅彈數		門牌號數	
遷入日期		每月房租			
遷出日期					
備註					

江南水泥股份有限公司組織系統表（一九三五年）

檔號：1041-1-56

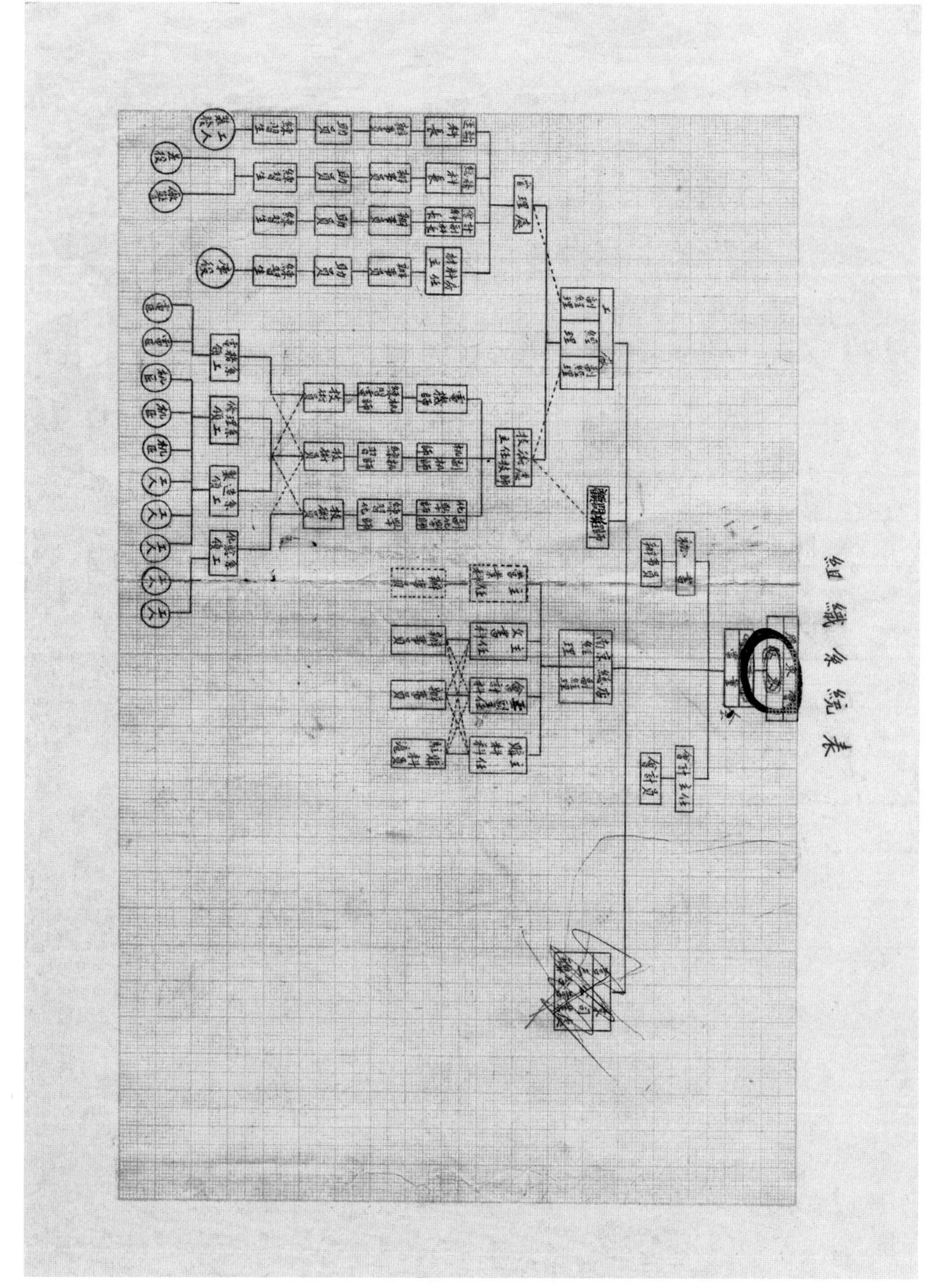

江南水泥股份有限公司職員保證書（一九三五年）

檔號：1041-1-56

江南水泥股份有限公司職員保證書

印花

職員姓名	保證人姓名

附則

一、保證人以有商業上信用者爲限或資本充足信用昭著之商號工廠亦得爲保證人

一、保證人除前條所列資格外應以被保人服務所在地或其附近地方便於查考者爲合格

一、保證人在常董會由常務董事在總分事務所由總副經理在工廠由正副廠長審查合格方得爲保證人

一、本公司職員不得爲本公司職工之保證人家族亦不得爲保證人

一、保證人於保證書正副本上應蓋用姓名印章或廠號重要圖章不得蓋用其他一切閒章其副本保證書與正本具有同等效力均須保證人親自填寫簽名蓋章至所簽之名與蓋用之章必須一致

一、保證書經本公司審查合格後即函詢保證人是否屬實保證人應即用原印章復函證明之如不答復即由本公司派員當面對保並催具復函如仍不復應令被保人另行覓保

一、保證人如對於被保人有應負責賠償之款項須依照本公司所開數目立即履行賠償並拋棄先訴抗辯之權

一、被保人因過失或故意以及其他一切情形致使本公司受有損害時保證人應負責賠償之

一、被保人之職務有所升調或服務地點有變更時保證人所負責任並不變更至保證人住址如有遷移應立即通知本公司

一、本保證書每屆年終對保一次保證人接到對保函時應即函復仍蓋原章如經二次函催仍不答復者應令被保人另行覓具新保但新保證書送到須對保並滿三個月後方能將原保證書退還

一、保證人簽蓋於本保證書之簽字印章如作廢或變更時須即通知本公司並換送新簽字印鑑至本公司備查在未經換送以前本保證書所具簽字印章仍屬有效

一、本保證書不因期久失效將來保證人如欲退保時須以書面直接通知本公司並經被保人換具新保證書滿三個月後本公司方將舊具之保證書發還(但本公司認爲有必要時得延長其發還時期)始得卸卻保證責任其報紙聲明退保或以其他方式表示退保者概不生效力

一、被保人離職本保證書須留置滿三個月後發還(但本公司認爲有必要時得延長其發還時期)保證人須俟本保證書發還後始得卸卻保證責任

貳

簽訂合同

江南水泥股份有限公司電費計算單（建設委員會首都電廠制）（一九三五年七月）

檔號：1041-1-31

建設委員會首都電廠

江南水泥公司電費計算

一　最高需電量　　3000KW

負荷因數（Load Factor）　　70%

電力因數（Power Factor）　　90%

單獨分散因數（Individual Diversity Factor）　　400–800%

單獨分散因數 = 每月中非電廠高負荷時最高需電量 / 同時期中在電廠高負荷時最高需電量

例　非高負荷時最高需電量爲3000KW，高負荷時爲400KW則單獨分散因數爲

0%。

電廠規定高負荷時間每日下午六時至十時

二、基本電價　每瓩每月　$2.75

流動電價　每月每瓩用電在150度以內每度$0.015每月每瓩用電

超出150其超出度數每度$0.012

三、各種因數調準電價

電力因數　基本電費×$\frac{85}{90}$＝基本電費×0.945

分散因數　400%以內基本電費不變

400%至800%按照直接比例自$2.75減至$1.80

煤價規定　每1,000,000btu　$0.45

實際煤價每1,000,000btu　$0.34

煤價調準　每1,000,000btu減低$0.05以上每$0.

1008-23-1-10000.M.S.

或不滿＄0·05減每度電費＄0·0005每度共可減＄0·

001

玆計算如下

基本電費　在90%電力因數　400%分散因數　3000×2·75×·945　800·00

,,　,,　500%　,,　3000×2·5125×·945　120·00

,,　,,　600%　,,　3000×2·275×·945　6450·00

,,　,,　700%　,,　3000×2·0375×·945　5680·00

,,　,,　800%　,,　3000×1·80×·945　5110·00

流動電費　70%負荷因數每月（以30日計）約用電

3000×·7×30×24＝1,512,000度

建設委員會首都電廠

第1之450,000度@$0.015 電費$6750.00

其餘之1,062,000度@$0.012 電費$12,744.00

共 計 $19,[illegible].00

減煤價調準每度$0.001 —1,512.00

實際電費 $17,982.00

故在不同分散因數之下其電費可列表如下

分散因數及	基本電費	流動電費	共計電費	平均每度電價
400%以下	7800	17982	25782	$0.01700
500%	7120	17982	25102	$0.01680
600%	6450	17982	24432	$0.01615

1008-23-1-10000.M.S.

700%	5680	17982	23662	$0·01563
800%以上	5110	1[illegible]	23092	$0·01535

註 上項計算均以計算尺計算故細數從略

建設委員會首都電廠

1705
1535
165

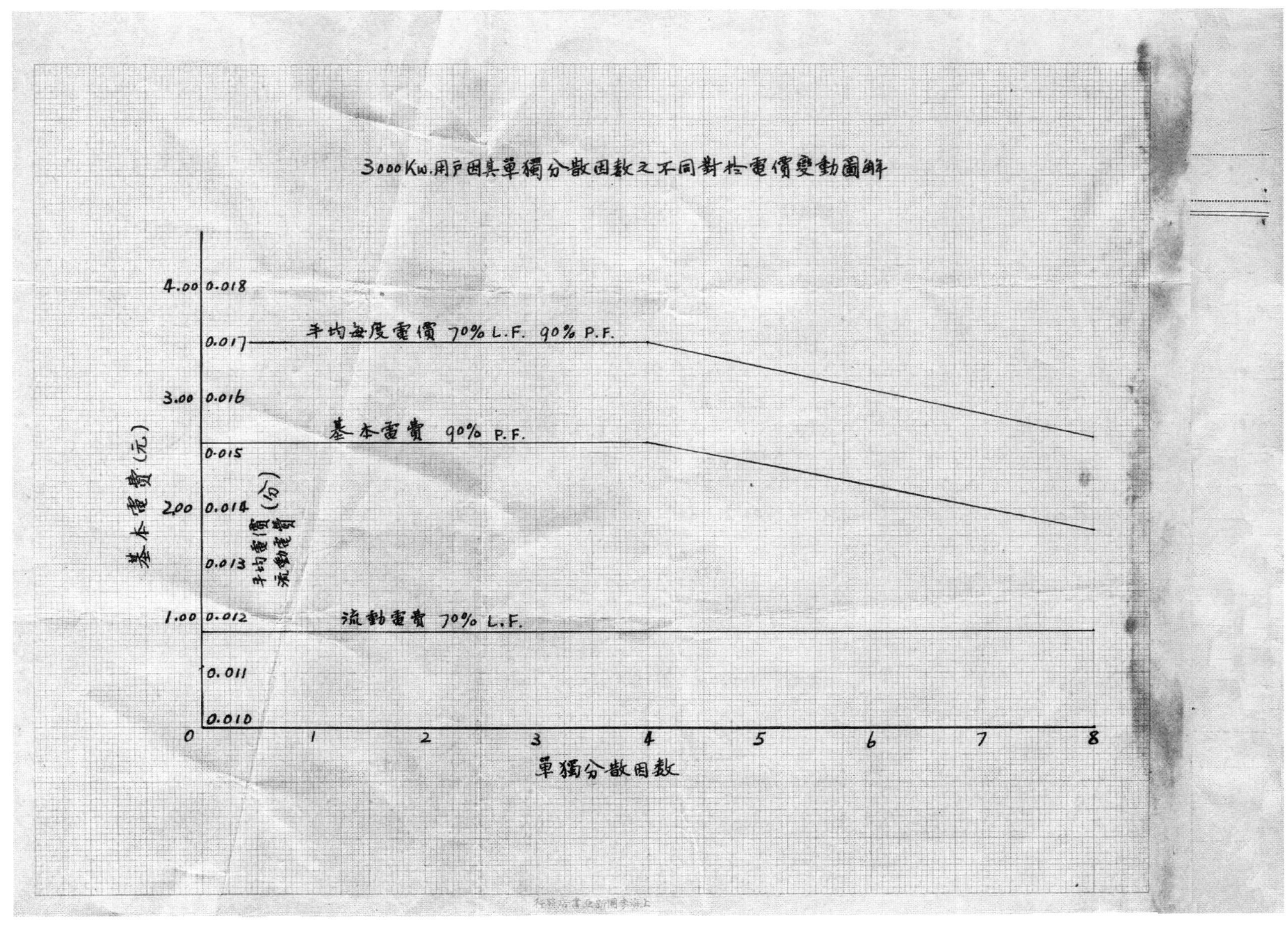
3000Kw.用戶因其單獨分散因數之不同對於電價變動圖解
基本電費(元)
4.00
3.00
2.00
1.00
0
0.018
0.017
0.016
0.015
0.014
0.013
0.012
0.011
0.010
平均電價
流動電費
(分)
平均每度電價 70% L.F. 90% P.F.
基本電費 90% P.F.
流動電費 70% L.F.
1
2
3
4
5
6
7
8
單獨分散因數

江南水泥公司電費新計算單（建設委員會首都電廠制）（一九三五年八月十七日）

檔號：1041-1-31

700 KW. × 2.75
4500 KW.
-700
3800 × 1.20

江南水泥公司電費新計算

一 基本電費 1在電廠高負荷時之最高需電量每瓩每月$2.75

2在電廠非高負荷時間內之最高需電量減去在電廠高負荷時

間內之最高需電量每瓩每月$1.20

二 流動電費 每月每瓩用電 每度電價

1—150 $0.015

151—以上 $0.012

第一級之計算方法如次

（在電廠高負荷時間內之最高需電量×150 [illegible]

十（在電廠非高負荷時間內之最高需電量—在電廠高負荷時間內

廿四年八月十七日 首都電廠長 [illegible]

建設委員會首都電廠

之最高需電量）$\times \dfrac{24-規定高負荷時間}{24} \times 0.015$ ×150

三　煤價　$8.00　每噸

煤價標準　假定每磅煤之BTU為10,000則在$8.00每噸煤

價合計每1,000,000BTU價應為

$$\frac{8}{2205\times10000}\times1,000,000=\$0.$$

333

現以每1,000,000,BTU$0.45為標準則相差$0.11

減至$0.03以上每減$0.03或不滿$0.03減每度電費$

0.0006計算應共減每度$0.0018

四　電力因數　90%

1008-23-1-10000.M.S.

電力因數調準　規定基本電費$\times\frac{85}{90}$

例一：非電廠高負荷時間內最高需電量　4500KW

電廠高負荷時間內最高需電量　700KW

每日用電度數　80,000KWHrs

每月工作日數　25天

基本電費　700×2.75=1925

(4500−700)×1.2=4560

1925+4[illegible]=$6485

電力因數調準　6485$\times\frac{85}{90}$=$6013.60

流動電費

建設委員會首都電廠

第1級 $\{700 \times 150 + 5800$ [illegible] $\times \frac{20}{24} \times 150\} \times 0.$[illegible]

015

$= \{105,000 + 475,000\} \times .015 = 580,000 \times 0.015$
$= 8700.00$

第二級 $\{2,000,000 - 580,000\} \times 0.012$

$= 1,420,000 \times 0.01$[illegible] $= 17040.00$

共計 $25740.00

煤價調準每度減 $0.0018 　　-3600.00

$22140.00

總計電費 $6013.6 + 22140.0 = \$28153.6$

平均每度電價 $\frac{28153.6}{2,000,000} = 0.014076$

例二：[illegible]廠高負荷時間內最高需電量 4000KW

電廠高負荷時間內最高需電量 470KW

1008-23-1-10000.M.S.

建設委員會首都電廠

每日用電度數　50,000度KWHrs

每月工作日數　25天

基本電費　470×275=$1292.5

(400[illegible]470)×1.2=4236
$5528.5

電力因數調準　$5528.5\times\frac{85}{90}=\$5221.56$

流動電費

第一級　$\left\{470\times150+3530\times\frac{20}{24}\times150\right\}\times0.015$

=(70,500+341,250)×0.015

=411,750×0.015=$6176.[illegible]

第二級　(1,250,000−411,750)×0.012

=848,250×0.012=$10179.00

煤價調準減 $16,355.25

−2250.00

$14,105.25

總計電費 5221.36+14105.25=$19326.61

平均每度電費 $\frac{19326.61}{1,250,000}$=$0.01546

1008-23-1-10000.M.S.

江南水泥股份有限公司爲棲霞工廠（江南水泥廠）高負荷時減用電量致損等事致建設委員會首都電廠函
（一九三五年七月二十七日）

檔　號：1041-1-31

銘新先生大鑒日昨接奉

大函並附圖表均敬收悉敝處在棲霞敝廠用電各事辱承

指示感佩良深關於在

貴廠高負荷時減用電量一節承

示核計辦法極爲明晰但敝處因有左項損失

一、一部分雙產量之設備原擬將來擴充再行安裝者現須提前裝置利息上受有損失

二、在非高負荷時有一部分工作須加倍生產以補高負荷時減少之產量（因大窰不能停故必須補足產量）因此

工人及管理上之調度受有損失

故對於

拿操單獨分散因數至800%時（事實上恐只能辦到700%）敝處所得減電價僅有每度一釐六毫五所獲之利益極爲微薄再旣採取此種高負減少電量之方法則在非高負荷時用電必較平均用電量爲特多在高負荷時必較平均用電量爲特低方能達到單獨分散因數之能提高故最高需電量當然較平均用電者爲高換言之卽負荷因數必須較普通者爲低是流動電價每月每瓩用電在150度以內之規定似應比例減少方爲公平關於以上二點尙祈

台端予以考慮[illegible]同律後對售電機之各廠家迭經接洽所預算發電之價格多較弟原來理想者爲低容日內將此項預算略加整理卽行赴京面承

教益頗望在短時期對此事有所決定敝處對於此所以一再研究考慮者以很電力爲水泥廠之重要成本之一而敝廠現

因採用最新設備減用人工多用電力故敝廠所用電力比較同等產量之他廠約多用百分之十二故電力費之擔負對

敝廠尤爲重要不得不設法縮減也再敝處現商訂馬達在壹百匹馬力以上者均高壓線二千二百伏其一百匹馬力以

下者用低電壓五百伏或三百四十伏電燈線擬與馬達線分開均用二百二十伏對此種佈置未知

尊處有何意見尚希

賜教爲幸睹

教匪遙容面罄悉此佈復敬頌

籌綏

敬啓 廿四年七月廿七日

慕伽兄均此致候

江南水泥有限公司爲保證金等事項致建設委員會首都電廠的信函（一九三五年十二月十二日）

檔　號：1041-1-31

江南水泥有限公司用箋

字號　第　頁

敬啓者：接奉十二月九日第二四三七七七號

大函，内開：接奉十二月五日大函二件，備悉。查用電及借款合同各二份，换函一件，茲本廠均已收轉，所

有用電保證金壹萬陸千元，即請逕交南京本廠相應函達，至希查照辦理見復爲荷等因。茲將是項用

電保證金壹萬陸千元，發由南京敝廠籌備處敬上，即希

賚收給據，關於接照合同著手設置變時有何接洽事項，祈逕與敝處籌備處接洽爲荷。此致

首都電廠

江南水泥有限公司啓

附繳用電保證金國幣壹萬陸千元

中華民國二十四年十二月十二日

江南水泥股份有限公司與建設委員會首都電廠簽訂的棲霞山水泥廠（江南水泥廠）用電合同（草稿一）

（一九三五年九月二十一日）

檔　號： 1041-1-31

立合同人 江南水泥股份有限公司（以下簡稱用戶
建設委員會首都電廠（以下簡稱電廠 均包括以後之繼承人或讓與人
而言）今用戶願向電廠購用電力電廠願供給電力爲用戶棲霞山水泥廠原動力之
用雙方協議訂立條款如左

第一條 用戶全部計裝用電動機器規定最高需電量在電廠非高負荷時爲四千瓩在電廠高負荷時爲七百瓩電廠規定每日下午五時至十時爲高負荷時間其餘時間爲非高負荷時間

第二條 電廠供給之電力爲二千三百伏五十週波三相交流電其電壓高下參差不得過百分之十

第三條 電廠於二千三百伏方面裝置電表一只以計算用電度數及每月中於二種時間內用電最高之半小時之電量及其電力因數由用戶備相當房屋以爲

建設委員會首都電廠

電表及其附件裝置之所電表起向電廠之設備由電廠擔任電表起向用戶
之一切設備均由用戶自行裝置用戶並得自備電表一[illegible]副以為比較之用

第四條　用戶對於電廠所裝電表如有發生疑問時得要求電廠將電表較驗如較驗
後確有錯誤時即以較驗所得之準確相差成數核算較準日以前之本月份
電費驗表費亦由電廠自行負擔如並無不準時用戶應付較驗費五元

第五條　電廠規定每月月底抄表一次計算電費用戶於接到電廠通知後應至遲於
十五日內付清電費否則電廠得停止供電並追繳欠費

第六條　電廠每月收取用戶電費按照左列兩部合併計算
甲　基本電費　在第一條規定最高需電量以內時電廠收取用戶每月基
本電費洋三千八百五十元正如在電廠非高負荷時之最高需電量超

1008-23-1-10000.M.S.

建設委員會首都電廠

出四千瓩時每超出一瓩加收基本電費每瓩每月國幣洋一元二角如在電廠高負荷時之最高需電量超出七百瓩時每超出一瓩加收基本電費每瓩每月國幣洋二元七角五分但用戶之最高需電量在兩種時間內均不及規定之一半時得照半數收取基本電費

乙 流動電費 按照每月電表抄到度數以第一條在電廠非高負荷時之最高需電量之一半爲標準分級計算

（一）每月每瓩最高需電量之用電在一百五十度以內者每度價國幣洋壹分伍釐

（二）每月每瓩最高需電量之用電超出一百五十度者除照本條乙款一項計算外其超出之度數每度價國幣洋壹分貳釐

第七條　第六條甲款所規定之基本電費以電力因數（Power Factor）百分之八十至百分之八十五爲標準如電力因數在百分之八十以下或百分之八十五以上時電價須按左列比例增減之

甲　電力因數在百分之八十以下時每月應收基本電費以

$$\frac{80}{\text{實在電力因數}}$$乘定價

乙　電力因數在百分之八十五以上時每月應繳基本電費以

$$\frac{85}{\text{實在電力因數}}$$

第八條　第六條乙款所規定之流動電費係按照烟煤屑到廠實價每百萬英熱量單位（1,000,000BTU.）價國幣洋四角五分爲標準如煤價上下電廠應隨時通知用戶在煤價較標準價每百萬英熱量單位增加三分或不滿三分時電

1008-23-1-10000.M.S.

價不改如超出三分時每超出三分或不滿三分加電費每度國幣洋六毫（一
$0.0006）由電廠於煤價增加後一月起算如煤價低減亦照增加之例減
收電費

第九條　用戶所裝電燈係在用戶變壓器之內另裝電度表計算電度如電燈用電由
數在電力用電總度數百分之五以內時併入電力度數內計算如超出時其
超出度數依照電廠規定普通電燈營業章程辦理用戶不得用電動機拖動
發電機自行發電供給電燈應用

第十條　用戶應於訂立合同時繳付電廠電費保證金國幣洋壹萬陸千元由電廠另
出收據將來合同期滿時如無欠費賠償等情憑據如數退還用戶

第十一條　[illegible]用戶增加機器多用電力應先期通知電廠經電廠許可後方得應用否則

建設委員會首都電廠

因用電增多損及電廠之一切設備時用戶均須負賠償之責

第十二條　用戶使用電力狀況電廠得派員攜帶證章隨時檢查以保安全

第十三條　自電度表起以後之路線以及保險絲開關變壓器電動機等電廠不負保管修理之責遇有上項機件因管理不妥或施用失宜而發生危險與損失時均由用戶自行負責

第十四條　電廠除能力不能制止之事變如大雷風雨火兵災工潮交通阻滯或臨時路線障礙機件損壞等外不得停止供電但電廠機件有特殊變故或其他不得已事故時由電廠於停電前一日書面通知用戶者不在此例

第十五條　電廠如不遵守第十四條停電之規定而中斷電流在一小時以上時電廠允賠償用戶每小時損失國幣洋二十元

1008-23-1-10000.M.S.

第十六條　如遇天災人禍或特殊事故及其他不得已情事用戶得於十日前以書面通知電廠暫行停止供電如停電繼續在一個月以上在停止期内電廠不收用戶基本電費

第十七條　本合同以　年爲期自民國　年　月　日至民國　年　月　日止爲有效期間如須續訂應於期滿前一月内訂定之

第十八條　本合同一式三份用戶電廠各執一份一份由電廠呈建設委員會備案

合同附則

第一條　用戶對於電廠除本合同訂定條文外須遵守電廠一切營業章程

第二條　本合同期滿如未續訂合同電廠得於通知用戶後十個月内停止供給用戶之電力在合同期滿雙方尚在供電用電時仍須履行本合同内之條文

建設委員會首都電廠

立合同人　江南水泥股份有限公司
代表人
證人
立合同人　建設委員會首都電廠
代表人
證人
中華民國　年　月　日

中華民國廿四年九月廿壹日收到

1008-23-1-10000.M.S.

江南水泥股份有限公司與建設委員會首都電廠簽訂的棲霞山水泥廠（江南水泥廠）用電合同（一九三五年十一月）

檔　號：1041-1-31

立合同人 江南水泥股份有限公司（以下簡稱用戶
建設委員會首都電廠（以下簡稱電廠均包括以後之繼承人或讓與人而言）

今用戶願向電廠購用電力電廠願供給電力爲用戶棲霞山水泥廠原動力之用雙方協議訂立條款如左

第一條　用戶全部計裝用電動機器規定最高需電量在電廠非高負荷時爲四千瓩在電廠高負荷時爲七百瓩電廠規定每日下午五時至十時爲高負荷時間其餘時間爲非高負荷時間

第二條　電廠供給之電力爲二千三百伏五十週波三相交流電其電壓高下參差不得過百分之十

第三條　電廠於二千三百伏方面裝置電表壹只以計算用電度數及每月中於二種時間

內用電最高之半小時之電量及其電力因數由用戶備相當房屋以爲電表及其
附件裝置之所電表起向電廠之設備由電廠擔任電表起向用戶之一切設備均
由用戶自行裝置用戶並得自備電表一副以爲比較之用

第四條 用戶對於電廠所裝電表如有發生疑問時得要求電廠將電表較驗如較驗後確
有錯誤時卽以較驗所得之準確相差成數核算較準日以前之本月份電費驗表
費亦由電廠自行負擔如並無不準時用戶應付較驗費五元

第五條 電廠規定每月月底抄表一次計算電費用戶於接到電廠通知後應至遲於十五
日內付淸電費否則電廠得停止供電並追繳欠費

第六條 電廠每月收取用戶電費按照左列兩部合併計算

甲　基本電費　在第一條規定最高需電量以內時電廠收取用戶每月基本電費洋三千八百五十元正如在電廠非高負荷時之最高需電量超出四千瓩時每超出一瓩加收基本電費每瓩每月國幣洋壹元二角如在電廠高負荷時之最高需電量超出七百瓩時每超出一瓩加收基本電費每瓩每月國幣洋貳元七角五分但用戶之最高需電量在兩種時間內均不及規定之一半時得照半數收取基本電費

乙　流動電費　按照每月電表抄到度數以第一條在電廠非高負荷時之最高需電量之一半爲標準分級計算

第一級　每月每瓩最高需電量之用電在壹百五十度以內者每度價國幣洋

壹分五釐

（丙）每月每瓩最高需電量之用電超出壹百五十度者除照本條乙款

項計算外其超出之度數每度價國幣洋壹分二釐

第七條　第六條甲款所規定之基本電費以電力因數（Power Factor）百分之八十

至百分之八十五爲標準如電力因數在百分之八十以下或百分之八十五以上

時電價須按左列比例增減之

甲　電力因數在百分之八十以下時每月應收基本電費以

80／實在電力因數　乘基本電費

乙　電力因數在百分之八十五以上時每月應繳基本電費以

實在電力因數

—85—

第八條　第六條乙款所規定之流動電費係按照煙煤屑到廠實價每百萬英熱量單位（1,000,000 BTU.）價國幣洋四角五分爲標準如煤價上下電廠應隨時通知用戶在煤價較標準價每百萬英熱量單位增加三分或不滿三分時電價不改如超出三分時每超出三分或不滿三分加電費每度國幣洋六毫（$0.0006）由電廠於煤價增加後一月起算如煤價低減亦照增加之例減收電費

第九條　用戶所裝電燈係在用戶變壓器之內另裝電度表計算電度如電燈用電度數在電力用電總度數百分之五以內時併入電力度數內計算如超出時其超出度數依照電廠規定普通電燈營業章程辦理用戶不得用電動機拖動發電機自行發

電供給電燈應用

第十條　用戶應於訂立合同時繳付電廠電費保證金國幣洋壹萬陸千元由電廠另出收據將來合同期滿時如無欠費賠償等情憑據如數退還用戶

第十一條　用戶增加機器多用電力應先期通知電廠經電廠許可後方得應用否則因用電增多損及電廠之一切設備時用戶均須負賠償之責

第十二條　用戶使用電力狀況電廠得派員攜帶證章隨時檢查以保安全

第十三條　自電度表起以後之路線以及保險絲開關變壓器電動機等電廠不負保管修理之責遇有上項機件因管理不妥或施用失宜而發生危險與損失時均由用戶自行負責

第十四條　電廠除能力不能制止之事變如大雷風雨火兵災工潮交通阻滯或臨時路線障礙機件損壞等外不得停止供電但電廠機件有特殊變故或其他不得已事故時由電廠於停電前一日書面通知用戶者不在此例

第十五條　電廠如不遵守第十四條停電之規定而中斷電流在一小時以上時電廠允賠償用戶每小時損失國幣洋二十元

第十六條　如遇天災人禍或特殊事故及其他不得已情事用戶得於十日前以書面通知電廠暫行停止供電如停電繼續在一個月以上在停止期內電廠不收用戶基本電費

第十七條　本合同以五年爲期自民國廿四年十一月　日至民國廿九年十一月

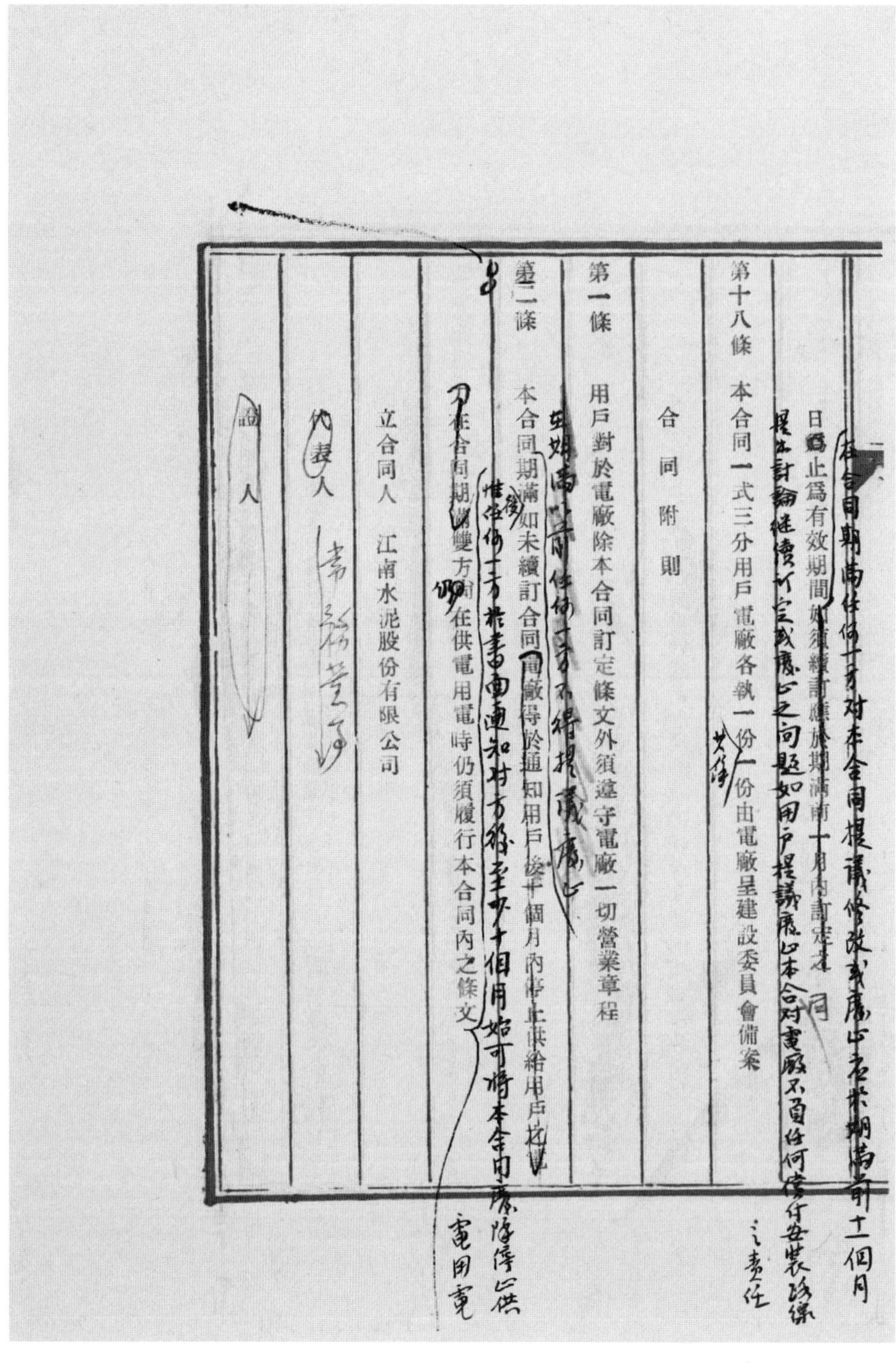
日起止為有效期間如須續訂應於期滿前一月內訂定之

第十八條　本合同一式三分用戶電廠各執一份一份由電廠呈建設委員會備案

合同附則

第一條　用戶對於電廠除本合同訂定條文外須遵守電廠一切營業章程

第二條　本合同期滿如未續訂合同電廠得於通知用戶後十個月內停止供給用戶電流

在合同期滿雙方在供電用電時仍須履行本合同內之條文

立合同人　江南水泥股份有限公司

代表人

證人

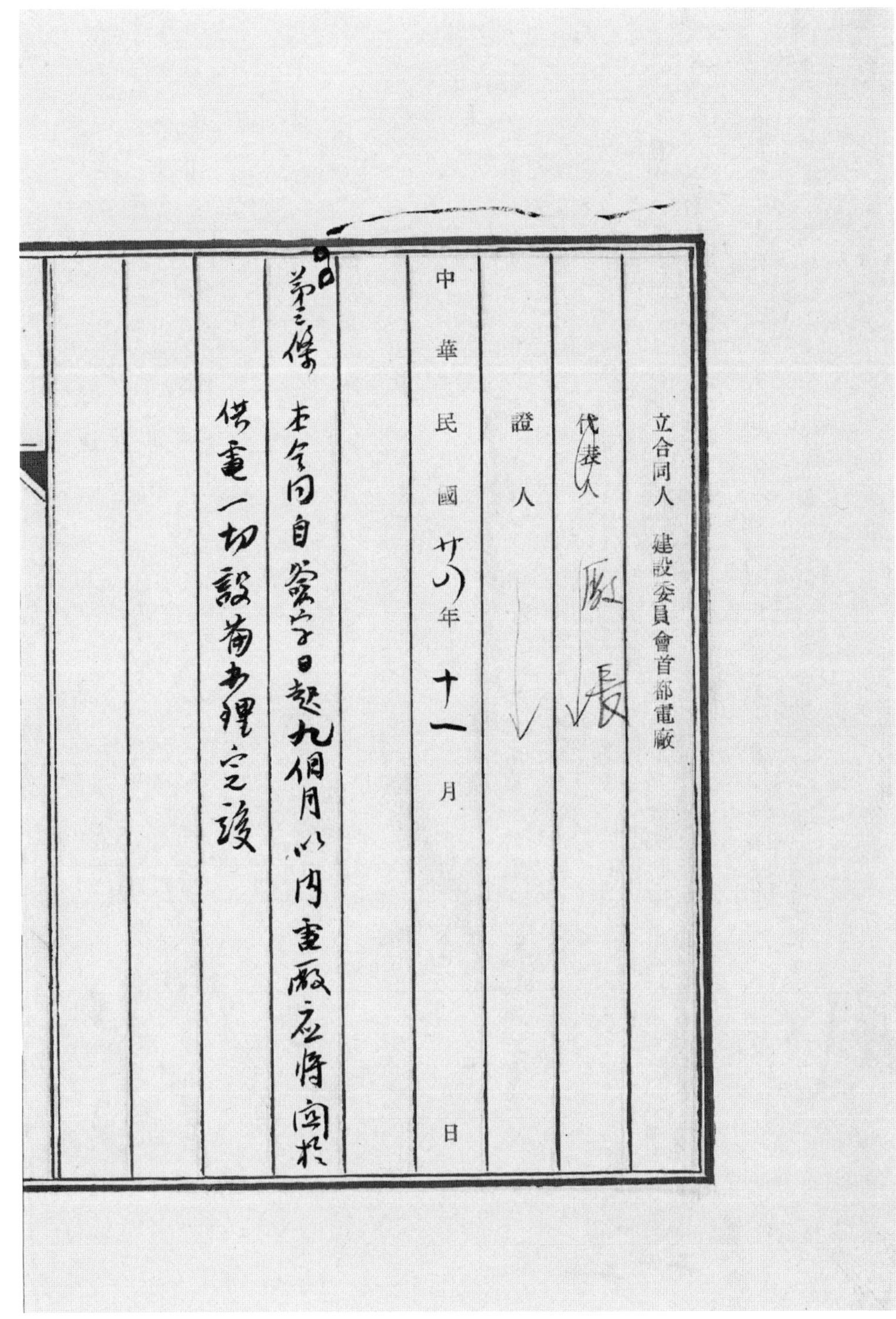

立合同人　建設委員會首都電廠

代表人　廠長

證人

中華民國廿四年十一月　日

第二條　本合同自簽字日起九個月以內電廠應將關於供電一切設備辦理完竣

建設委員會首都電廠與江南水泥股份有限公司簽訂的借款合同（草稿一）（一九三五年九月二十八日）

檔號：1041-1-31

中華民國廿四年九月廿八日

立借款合同江南水泥股份有限公司（下稱甲方）建設委員會首都電廠（下稱乙方）今因乙方向甲方借用款項雙方協議訂立條件如左

第一條　甲方願借與乙方國幣洋貳拾萬元於訂立合同時由甲方一次將全數付與乙方不再另立收據

第二條　借款利率爲常年一分于每年六月底及十二月底清算利息一次由乙方付與甲方

第三條　乙方允由甲方於　年　月　日雙方所簽訂供電合同應付與乙方之電費逐月扣除作爲付還甲方之借款本銀在扣還本銀時所有借款利息亦隨本遞減

第四條　乙方允於本合同有效期內將本合同第五條所稱雙方所簽訂之供電合同電價特予優待除按照供電合同規定計算外每度平均電價另行減收壹釐陸毫壹絲

第五條　本合同與供電合同之有效期間同爲三五年自簽訂供電合同之日起算

第六條　本合同一式三份雙方各執一份其餘一份由乙方呈建設委員會備案

江南水泥股份有限公司與建設委員會首都電廠簽訂的借款合同（一九三五年十一月）

檔號：1041-1-31

二四、十、卅、寄出稿底

立借款合同人 江南水泥股份有限公司（以下稱甲方）
建設委員會首都電廠（以下稱乙方） 今因乙方向甲方借用款項雙方協議訂立條件如左

第一條 甲方借與乙方國幣銀洋貳拾萬元於訂立合同後一星期內由甲方一次將全款付與乙方由乙方另出收據爲憑將來乙方按照第三條還款時甲方亦應出具收據

第二條 借款利率爲常年一分於每年六月底十二月底各清算利息一次由乙方付與甲方

第三條 乙方允以雙方於民國二十四年十一月　日所簽訂供電用電合同（以下簡稱供電合同）中甲方應付與乙方之電費爲還本付息之擔保自正式用電

起所有甲方應付乙方之電費均按月抵作爲乙方付還甲方借款之本銀及到期之利息惟借款之本銀還足六成時其餘四成得按左列辦法攤還

甲　以三成（計六萬元）自六成本銀還足之日起至本合同規定期滿之日止按月平均攤還

乙　其餘一成（計貳萬元）應按照上述供電合同附則第二條於任何一方接到對方關於停止供電用電書面通知之時起至預定停止供電用電之日止按月平均攤還

在本銀按照上開辦法扣還時所有借款利息亦隨本遞減

第四條　乙方允於本合同有效期間將本合同第三條所稱雙方簽訂之供電合同電價時

予優待除按照供電合同計算外每度平均電價另行減收壹釐六毫壹絲

第五條　本合同於與供電用電合同同日簽訂其有效期間均爲五年（自簽訂之日起至民國二十九年十一月　日期滿）惟供電合同如期滿並未續訂合同而雙方仍在供電用電時本合同應依照供電合同附則第二條連帶繼續有效

第六條　本合同一式三份雙方各執壹份其餘壹份由乙方呈建設委員會備案

立合同人　江南水泥股份有限公司

常務董事

立合同人　建設委員會首都電廠

廠長

見證人

中華民國二十四年十一月　　　日

江南水泥股份有限公司爲用電合同、借款合同中的幾點修改意見説明與建設委員會首都電廠的往來信函

（一九三五年九月二十八日至十月二十八日）

檔　號：1041-1-31

折衷改

做特本文

關於所擬用電合同擬請修改之點及其意見說明

第二條　後段「其電壓高下參差不得過百分之十」擬請改：

「其電壓高下參差不得過百分之五」

（說明）查電壓高下過多對於馬達恐有損壞故請改爲百分之五

第六條　甲項後段「但用戶……」以後擬改：

「但用戶之最高需電量在兩種時間內比第一條所規定者減十分之一或不滿十分之一時基本電費不得減少如減少超出十分之一每超出十分之一或不滿十分之一應將基本電費減少三百八十五元惟至多以減少一千九百二十五元爲度」

維持原文

（說明）查原文規定最高需電量在兩種時間內均不及規定之一半時得照半數收取基本電費但在半數以上全數以下應如何減收並未規定故建議將原條文修改如右以昭公允

又甲項後添加附條如左：

「在用戶未將機器安裝完竣及正式開機出灰之前所有在安裝期間試行開機每月所用電量不足十二萬度時應將基本電費免收僅流動電費必須均照第六條乙項第一級計算」

（說明）查在機器安裝期間必須將新裝之機試行開動以估其效率爲如何此項試行開機用電度數極少而所須之電量甚大（如每個磨之馬

照此意文字略有修改

遞需850 H.P. 如令其擔負基本電費未免成本過重故建議只擔負

第一級之流動電費

第六條　乙項『按照每月……分級計算』擬改爲：

『按照每月抄表所得在電廠非高負荷時之最高需電量之一半爲標準分級

計算』

（說明）原文義意似以在非高負荷時之最高需電量無論實在多少均按

第一條規定四千瓩之一半爲標準惟事實上有時超過四千瓩有

時或不足四千瓩似不如按照實在抄得之最高需電量爲標準較

爲公平

照改

第七條　甲款後公式『乘定價』擬改爲：

『乘基本電費』

（說明）基本電費雖有定價但有時因最高需電量之多少而有增減或因電力因數之調準而有增減故不如改爲乘基本電費爲切實際

又同條乙款公式後落乘定價三字似亦應加乘基本電費

第九條　『如電燈用電度數在電力用電總度數百分之五以內時』擬改：

『如電燈用電度數每月在五萬四千度以內時』

（說明）查電燈所需要電量比較穩定似以規定一定之數目爲宜按前在京面商時假定開車後每月用電量爲一百〇八萬度姑以此爲標準按

維持原文

照改

百分之五計合五萬四千度若開雙機用電力逾二百萬度亦以此爲度若減少產量用電力僅敷十萬度亦以此爲限似較穩定

第十四條 『或其他不得已事故』八字擬請删除

（說明）第十五條雖規定賠償用戶每小時損失二十元（爲數已極微）但有十四條之規定十五條之效力幾等於〇故請求將『或其他不得已事故』數字删去俾使第十五條尙有微弱之效力

第十六條 『用戶得於十日前以書面通知電廠暫行停止供電如停電繼續在一個月以上』擬改：

『用戶得於五日前以書面通知電廠暫行停止供電如停電繼續在十日以上』

（說明）天災人禍及特殊事故事前大半都不能預測十日前通知一層事實上殆不可能故請改爲五日

又停電繼續在一個月時間未免過久在京面談時記得曾提及停電十天免收基本電費現仍根據原議换改十天（事實上速通知之五天已爲半個月）

第十七條「……如須續訂應於期滿前一個月訂定之」换改爲

「在合同期滿任何一方對本合同提議修改或廢止應於期滿前十一個月提出討論繼訂定或廢止本合同對電廠不負任何償付安裝線路之責任」

合同附則第二條换改爲：

照改

照加

『本合同期滿如未續訂合同雙方仍在供電用電時仍須履行本合同內之條文惟任何一方於書面通知對方後滿十個月始可將本合同廢除停止供電用電』

（說明）原文僅指電廠一方面現改爲雙方似較平允

附則後擬請再加一條如左：

『第三條　自本合同簽字日起八個月以內電廠應將關於供電一切設備辦理完竣』

關於借款合同草案中商榷意見之說明

第一條「不再另收據」六字擬請改為：

「由乙方另出收據將來乙方按照第三條還款時甲方亦應出具收據」

（說明）付款時似應附帶單據手續上方覺完備轉亦較有根據

第一條後擬請加一條如左：

「上項借款以乙方自首都電廠至棲霞山之路綫一切設備為擔保品並以甲方應付乙方之電費為償付本息之擔保」

原文第三條　為付還甲方之借款本銀下擬加：

「或到期之利息」六字

中華民國廿四年九月廿八日閱

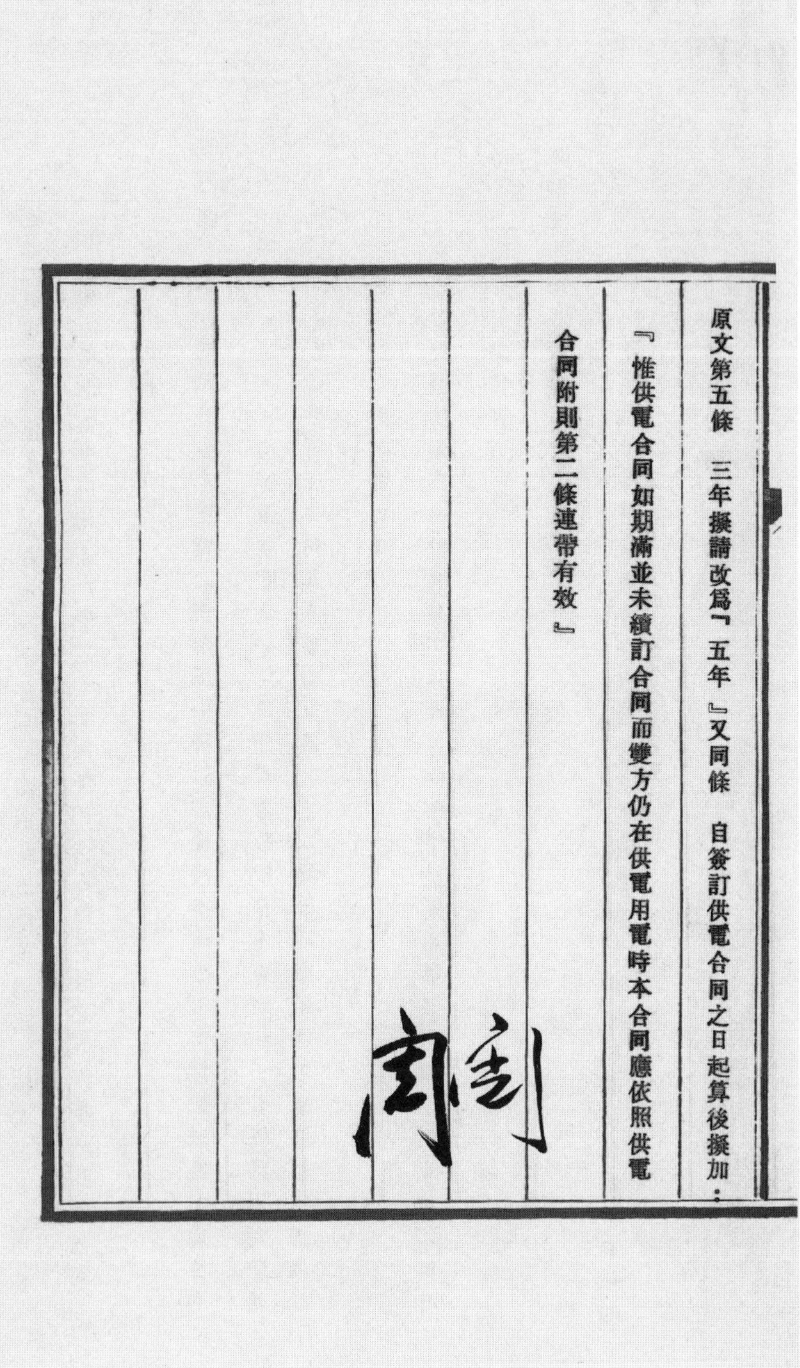
原文第五條　三年擬請改爲『五年』又同條　自簽訂供電合同之日起算後擬加：

『惟供電合同如期滿並未續訂合同而雙方仍在供電用電時本合同應依照供電合同附則第二條連帶有效』

本件

同於後

乙

答復「關於所擬用電合同擬請修改之點及其意見說明」　中華民國廿四年拾月　七日收到

第三條後段　可改爲「其電壓及週波高下參差合併不得超過百分之十」

(說明)電動機速度不準有兩種原因(一)因電壓之高低(二)因週波之快慢照規定標準電壓可相差百分之十而兩種相差各在百分之五亦不成問題故可合併規定

不讓步

第六條　本合同對於基本電費之規定係一種特別優待辦法故未可援例辦理至原文有「・・・均不及規定之一半得照半數收取基本電費」一點係爲用戶停機不用電流時可以少付基本電費而設因不如此規定則用戶遇事停用電流將仍須付全部基本電費也

又甲項後擬加附條一點將來可以換函聲明惟流動電費須另訂價現永利臨時用電亦另訂價辦理

可便若干

第六條乙項擬改爲

「按照每月抄表所得在電廠非高負荷時之實用最高需電量爲標準分級計算惟實

對於此條總有議會仍應用修改之條文此句

中華民國廿四年拾月　七日收到

用最高需電量不及規定之一半時須照一半之標準計算」

（說明）照此修改與　貴處修改之意思相同而文辭可較明顯即電價方面亦已可再減低

第七條　可照改

第九條　仍請維持原條文

第十四條　可照刪

第十六條　此條原為特別優待用戶而設因電廠設備均未因用戶停用而減少其成本與維持費用如再減短日期將使電廠所受損失過巨故仍請維持原議

第十七條　可照改

合同附則第二條　可照改

附則後擬再加一條擬加修改為左

「第三條自本合同簽字日起十個月內電廠應將自電廠起至用戶配電所間之一切供電設備辦理完竣」

關於所擬用電合同二次擬請修改之點

第二條　後段卽照　尊擬「其電壓及週波高下參差合併不得超過

百分之十」

第六條　原文「……………均不及規定之一半得照半數收取電費」

其中「得」字請改爲「應」字

又甲項後段請加附條一點旣承可換函聲明另訂電價請將

電價見示

第六條乙項　尊處所修改之條文似與原來意義不符說明中謂與敝

處修改之意思相同一節殊有誤會查原來當面規定對於第

一級（即每度一分五者）之電費按照最高需電量一半計算　鈞處原稿之意思似不論實用最高需電量爲若干統按四千瓩之一半即二千瓩爲第一級計算電費之標準敝處擬請修改按實際每月最高需電量（均指在電廠非高負荷時）之一半爲標準例如實需爲四千二百瓩則計算第一級電費時按二千一百瓩計算如實需三千八百瓩則計算第一級電費時按一千九百瓩計算現爲求明瞭免有誤會起見擬請將該條改爲

「流動電費　按照每月電表抄到度數以該月在電廠非高

負荷時之實在最高需電量之半數爲後列計算第一級

電費之標準

(一)每月每瓩(總瓩數按非高負荷時最高需電量之半

數計)之用電在一百五十度以内者每度價國幣洋

壹分伍釐

(二)每月用電度數超出最高需電量之半數乘一百五十

時除照上款計算外其超出之度數每度價國幣洋壹

分貳釐

第九條　仍請考慮敝處修改之條文如　貴處顧慮敝處停機時仍用

貴廠之電專供電燈之用不妨規定在停機不用電力時如仍
用電廠之電供給電燈之用所用電燈度數依照電廠普通電
燈營業章程辦理
第十六條照　尊意仍用原文
附則後再一條　照尊改條文

中華民國廿四年拾月廿壹日收到

答復「關於所擬用電合同二次擬請修改之點」及「借款合同第二次之商榷」

第二條　第六條　照改　臨時電價照永利化學公司所訂辦法開列如左：

每月用電度數		每度電價
一—五，〇〇〇度		五分
五〇〇一—一〇，〇〇〇度	超出之數	四分
一〇〇〇一—二〇，〇〇〇度	又	三分五釐
三〇〇〇一—及以上度	又	三分

第六條乙項　此項需電量標準與甲項有關故敝廠照上次加以修改現擬照

尊處此次修改於末段加以補充如左

「流動電費　按照，。。。。，電費之標準」惟不足一千瓩時應以一千瓩爲標準

分級計算

（一）（二）兩項維持原議因上段文字已可完全包括

第九條　電燈用電度數實際不致超出電力度數百分之五敝廠維持原條文之意並非以

電度之多寡問題事實既無出入故擬請維持原條文

借款合同第五條照　尊意改爲五年惟付還本息亦須於正式用電後至合同期滿期內按

月平均攤還但電廠得提前歸還又合同期滿後仍在供電期間電費不能再援借款合同優待

說明：此種電價特別優待實因借款關係故合同期滿借款全數清償而雙方尚在供電用電時當依原供電合同條文繼續計算電費也敝廠不能遵命之處尚希諒之

關於所擬用電合同及借款合同第三次擬請修改之點

第六條乙項　遵照　尊意於末段加以補充

（一）（二）兩項原文有「每月每瓩最高需電量之用電」似與前項所述「最高需電量之半數」一語略有矛盾目前雖彼此了解廠按最高需電量一半計算誠恐日久人事變遷後人不解當初訂約之用意有所誤會茲擬將（一）（二）兩項簡略修改如左

「第一級　每月每瓩用電在一百五十度以內者每度價國幣洋壹分伍釐」

「第二級　每月用電度數除按第一級計算外其餘度數每度價均為國幣一角二分」

第九條　放棄　敝處主張仍用原條文惟原條文內「用戶不得用電動機拖動發電機自行發電供給電燈應用」所稱「電動機」未知係何物擬請解釋　敝處於必要時擬以所備置之小柴油引擎機發電也

借款合同自簽字之日起訂為五年與　尊擬自正式用電起訂為三年所差僅數個月而

貴處擬將一年餘能還清之款展長至三年餘還清在敝處如不須用款原無問題惟敝處在開
機之初用款孔多故希望在最短期間將款還清茲爲尊重貴處意見擬改爲自正式用電時
起將所有應付之電費逐月扣還俟全部借本還至七成時其餘三成得按月平均攤還至合同
期滿必須還清又合同滿期如仍在供電用電貴處意見既不能再援借款合同之優待條件
敝處亦未能相強惟回憶雙方於九月十三夕在首都飯店會談之際對於電價商訂爲一分二
釐九毫至於此數與貴處最後所計算之一分四釐六差數計一釐七毫應如何支配當時並
未規定惟原則上則以借款能省之利息歸爲借款合同之優待其餘部分歸爲電價核減而依
照敝處計算利息能省之數至多只占全數四分之一茲爲捷便計提議將基本電費改爲二千
八百元（每瓩四元）核計電費由一分四釐六可降至一分三釐六借款合同內之優待即改
爲每度減收六毫一絲此爲敝處圖早日解決此事特擬此折衷辦法務希
惠予採納

閱

答復「関於所拟用電合同及借欵合同第三次拟請修改之点」

第六条 乙項 照改（第二級應為一分二厘筆誤為一角二分）

第九条「電動机」即 motor 俗称馬達，於不用電時以油机拖動發電机自行發電自無問題

関於借欵合同敝廠決就 尊見在用電合同附則第二条之下電費亦予優待，其付還借欵办法如左：

正式用電之日起將所有應付之電費逐月扣還至六成時其餘三成得按月平均攤還，至合同期滿止，尚餘一成，如合同期滿在合同附則第二条之下仍在繼續供電用電時按月平均扣還，如無合同附則第二条情形則須於合同

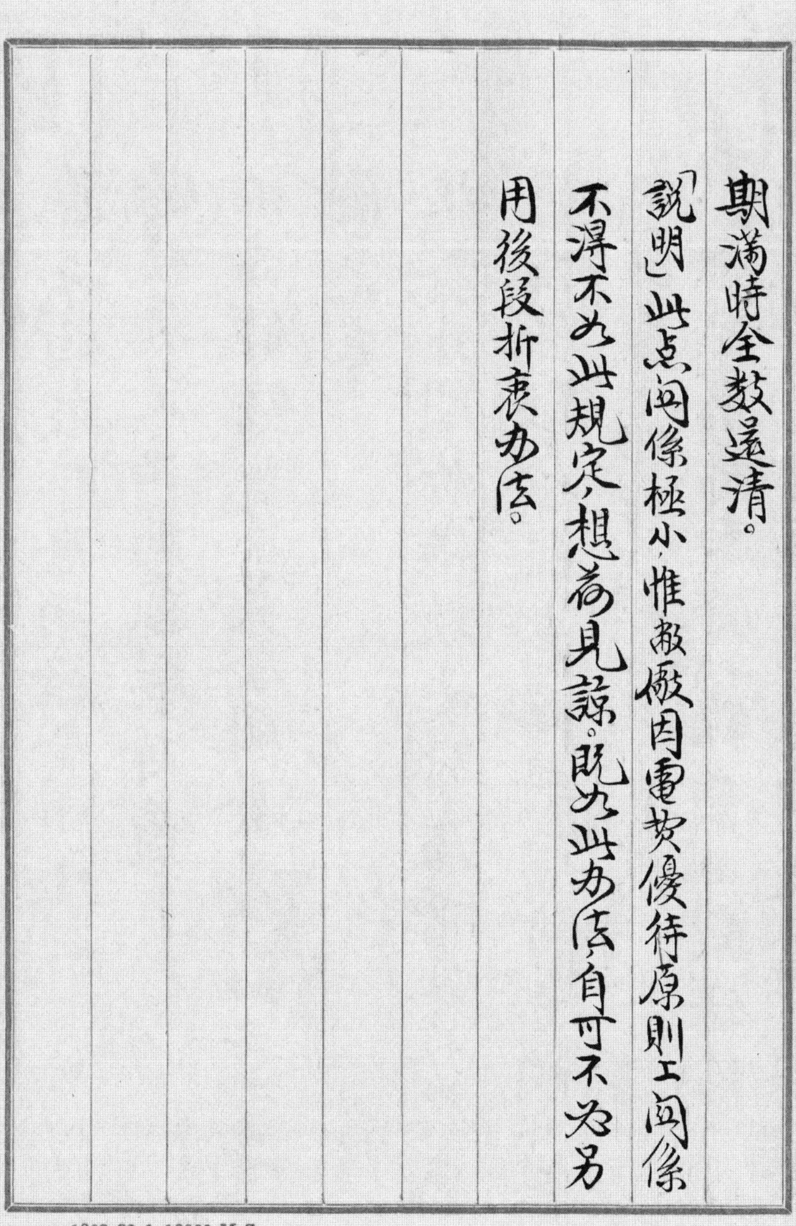

期滿時全數還清。

「說明」此點關係極小，惟敝廠因電費優待原則上關係不得不如此規定，想荷見諒。既如此辦法，自可不必另用後段折衷辦法。

1008-23-1-10000.M.S.

建設委員會首都電廠爲用電合同、借款合同中的幾點修改意見説明與江南水泥股份有限公司的往來信函（一九三五年十一月十五日至二十八日）

檔　號：1041-1-31

建設委員會首都電廠
CAPITAL ELECTRICITY WORKS

TELEPHONES: HEAD OFFICE 21166
POWER PLANT 41746
" " 41527

南京西華門
SIE-HWA-MEN, NANKING.
WIRELESS & TELEGR. CODE : 3597

FILE NO. ……

範有先生大鑒十月三十日及本月一日
尊示均敬收悉兩種合同承
修改決定至爲感慰除遵
示另行繕訂正式合同簽蓋名章專
函送奉
核簽外關於借款交付處所及收據式
樣及保証金利息臨時電價等均正式
公函奉陳即乞
台洽至臨時電價減低一點查敝廠供給
貴廠用電係以六萬六千伏輸送變壓

中華民國廿四年十一月拾八日收到

1010-24-7-5000.M.S.

建設委員會首都電廠
CAPITAL ELECTRICITY WORKS

TELEPHONES: HEAD OFFICE 21166
POWER PLANT 41746
" " 41527

南京西華門
SIE-HWA-MEN, NANKING.
WIRELESS & TELEGR. CODE : 3597

FILE NO. ....

器之用量為六千KVA在
貴廠未正式用電時此項設備之電度
耗失為數已屬不貲而實計電費收
入誠係甚微況敝廠與永利之臨時電
價亦照為此規定實有未便再減之困
難仍請
見諒維持原議又設備方面
尊函擬改為九箇月一點敝廠現對於
此項材料已分別訂購想不難及早

1010-24-7-5000.M.S.

建設委員會首都電廠
CAPITAL ELECTRICITY WORKS

TELEPHONES: HEAD OFFICE 21166
POWER PLANT 41746
" " 41527

南京西華門
SIE-HWA-MEN, NANKING.
WIRELESS & TELEGR. CODE : 3597

FILE NO. ....

完成惟為鄭重計仍以定為十箇月為妥故未照改並請

詧照為荷肅此佈复祗候

台綏

弟潘銘新敬啓 十二.廿五.

閱

1010-24-7-5000.M.S.

銘新先生大鑒：昨奉十一月十五日

手示并供電及借款合同各三份及公函兩份，均敬收悉。

尊函所論關於臨時電費之電價，既有困難，敝處亦不堅持。

所有合同條文文字間各點有修正，事實上尚無甚出入，惟

查供電合同第六條乙款及（一）（二）兩項經

尊處將雙方最後同意商妥之條文改為

尊處最初原擬之條文，查此項條文之變更，敝處認為對於

義意頗有出入，曾經迭次通函討論，敝處最後所擬之稿條

根據

尊處十月廿六日來函所附「答復第三次擬請修改之點」同意

照改之事實　敝處對於此事所持之觀點歷在各次商榷意見

中陳敘茲不贅述擬請

查照以前來往各函及所附之商榷意見書

賜予修正至修正之方法是否應將合同另繕抑在已備之合

同上照改加蓋印章尚祈

酌示擬請修改之條文另紙錄呈

察核為此布復敬頌

籌綏

弟陳○○謹啟 卅五 十二 廿六

茲將供電用電合同中第六條乙項原商訂之條文與此次

貴處所請合同中不同之文字並列如左務請　詧督仍用原商訂之條文

爲禱

計開

原商訂之條文如下（請仍用此項條文）

「乙　流動電費　按照每月電表抄到度數以該月在電廠非高負荷時之實在最高需電量之半數爲後列計算第一級電費之標準惟不足一千瓩時應以壹千瓩爲標準

第一級　每月每瓩用電在壹百五十度以內者每度價國幣洋壹分五釐

第二級　每月用電度數除按第一級計算外其餘度數每度價國幣洋壹分二釐」

貴處此次所請寫者如下

「乙　流動電費　按照每月電表抄到度數以第一條在電廠非高負荷時之最高需電量之一半爲標準惟不足一千瓩時應以壹千

瓩爲標準分級計算

（一）每月每瓩最高需電量之用電在壹百五十度以內
者每度價國幣洋壹分五釐

（二）每月用電度數除按照本條乙款一項計算外其餘
度數每度價均爲國幣洋壹分二釐」

建設委員會首都電廠公用牋

範有先生大鑒：接奉本月二十六日

大示，祗悉一是。供電合同第六條之文意既

尊處須將「第一条」三字改為「該月」二字，

敝廠決即照改，並將解釋函連同改正合

同附函寄上，即請

察洽為荷。肅復，敬頌

台綏

附合同三份

弟潘銘新謹啓

中華民國廿四年十一月廿八日

1000-24-10-20000 廠

廠址南京西華門　電話二一一六六號　有線/無線電掛號：三五九七

啓新洋灰有限公司關于優惠出售洋灰事宜致江南水泥有限公司公函（一九三五年十二月三十日至一九三七年一月二十七日）

檔　號：1041–1–1

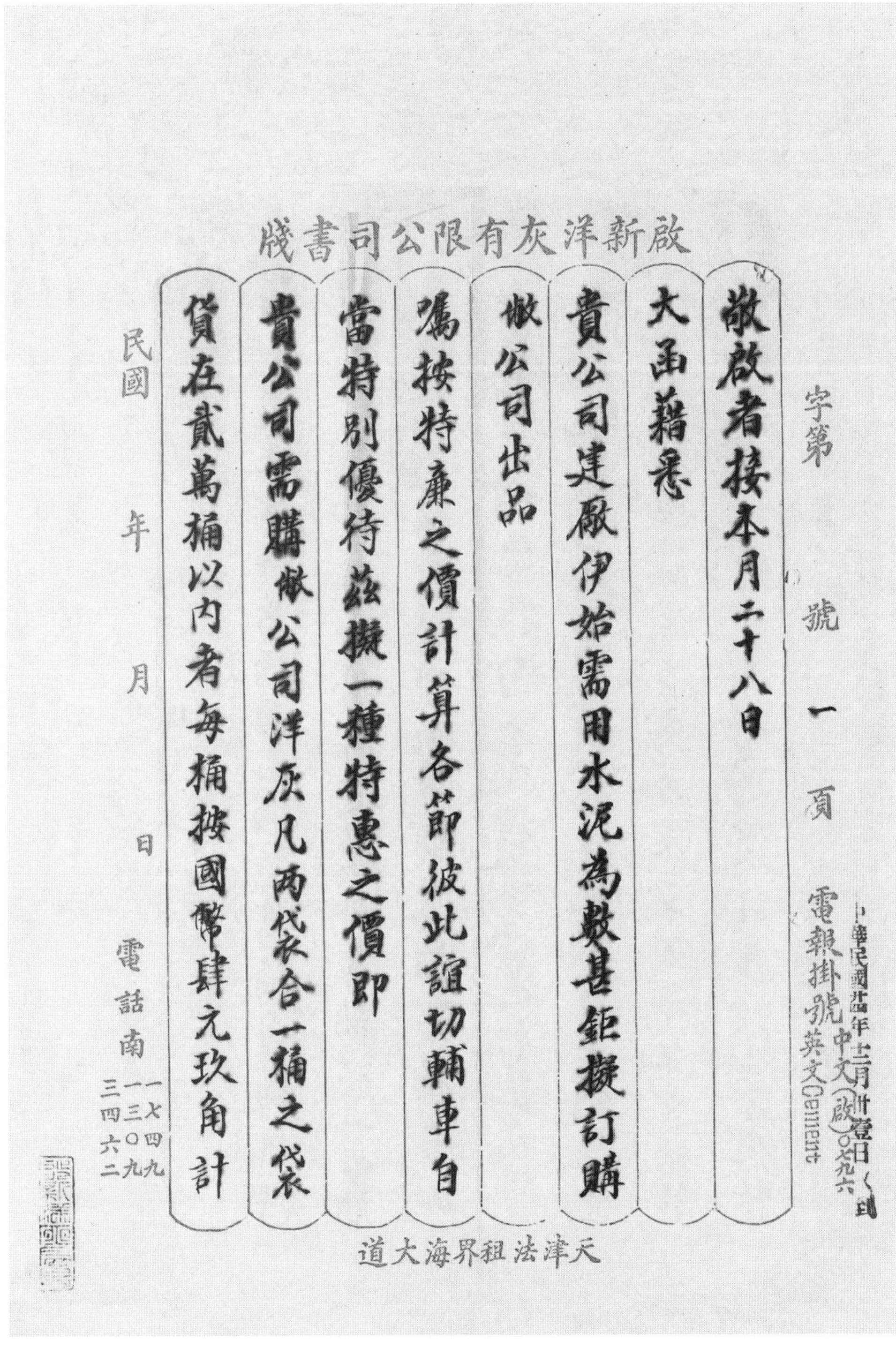

啟新洋灰有限公司書箋

字第　號　一　頁

電報掛號　中文（啟）〇七九六　英文 Cement

中華民國廿四年十二月卅壹日

敬啟者接本月二十八日

大函藉悉

貴公司建廠伊始需用水泥為數甚鉅擬訂購

敝公司出品

囑按特廉之價計算各節彼此誼切輔車自

當特別優待茲擬一種特惠之價即

貴公司需購敝公司洋灰凡兩袋合一桶之袋

貨在貳萬桶以內者每桶按國幣肆元玖角計

民國　年　月　日

電話南　一七四九　一三〇九　三四六二

天津法租界海大道

啟新洋灰有限公司書箋

字第　　號　二　頁

電報掛號 中文（啟）○七九六 英文 Cement

價如用數達兩萬桶而未滿叁萬桶每桶統按肆元柒角計價如用數超過叁萬桶以上每桶統按肆元伍角計價如用桶貨須每桶另加壹元以上均係指南京或棲霞江邊船上交貨之價統稅包括在內所有貨欵於貨交到後壹個月內先按最低價支付俟二十五年年底結算時按共用桶數照上開之價計算以上委係特別優惠辦法以副

民國　　年　　月　　日

電話南 一七四九 一三○九 三四六二

天津法租界海大道

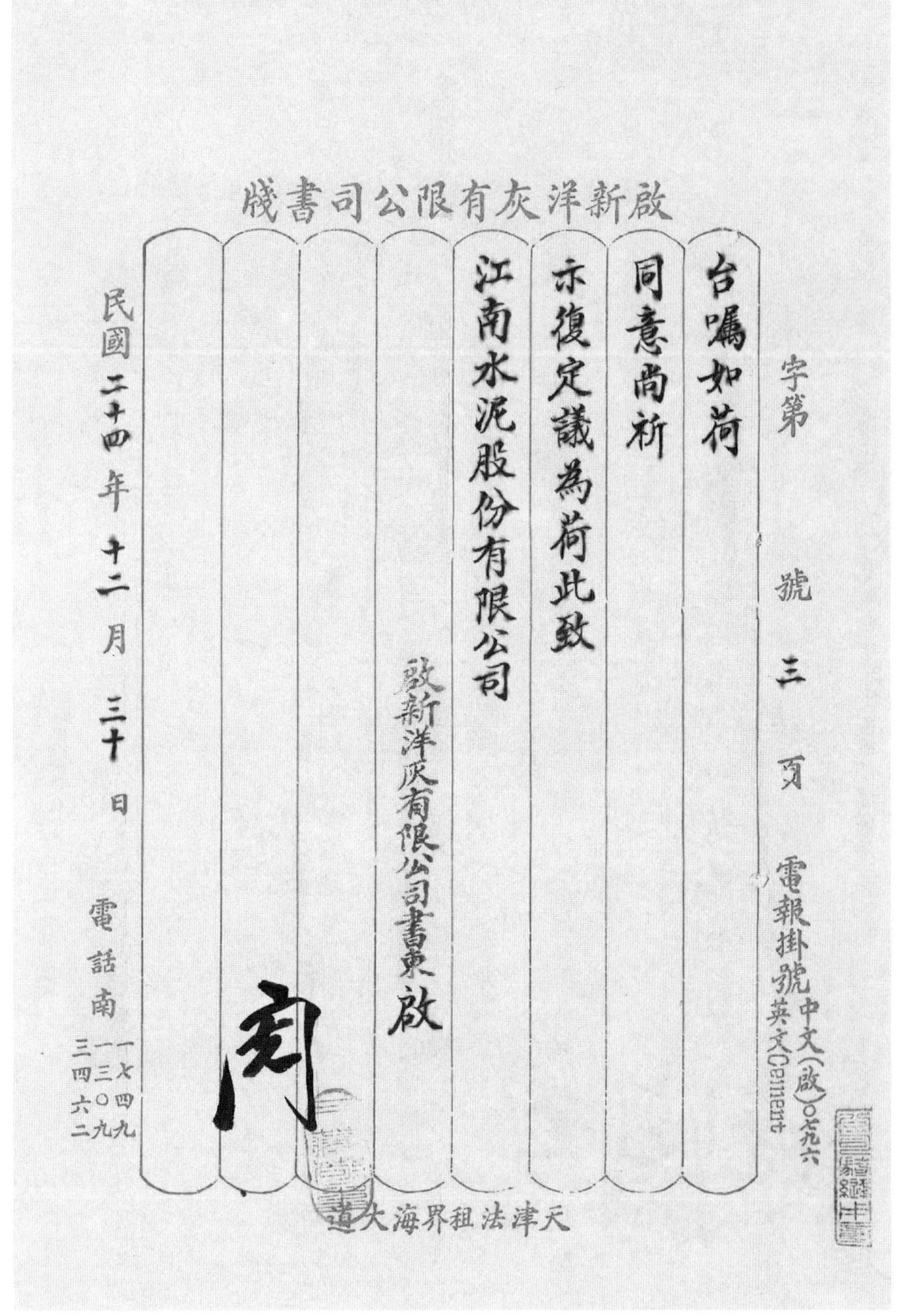

啟新洋灰有限公司書箋

字第　號　三　頁

電報掛號 中文（啟）〇七九六 英文Cement

台囑如荷

同意尚祈

示復定議為荷此致

江南水泥股份有限公司

啟新洋灰有限公司書柬啟

民國二十四年十二月三十日

電話南一七四九 一三〇九 三四六二

天津法租界海大道

啟新洋灰有限公司書箋

字第　　號　全　頁

電報掛號中文（啟）〇七九六　英文Cement

中華民國廿六年壹月廿七日收到

敬復者接一月二十六日
大函以
貴廠建築及安裝工程進行均較預定者略有遲延所訂購敝公司洋灰自目下起始為用灰最多之時擬至本年竣工之際再將用灰總數按照約定價格結算清付等因敬悉承
商一節自可照辦相應函復即希
查照是荷此致
江南水泥有限公司

啟新洋灰有限公司書柬

民國二十六年一月二十七日

電話南一一七四　一三〇九　三四六二

天津法租界海大道